Nicole Fabisch/Gerhard Zarbock

Treue ohne Reue

W0236443

Band 5512

Das Buch

Sind Sie frisch versingelt oder frisch verliebt? Lang liiert oder langsam genervt? Im verflixten siebten Jahr oder immer noch auf der verflixten Jagd nach dem Mann (der Frau) fürs Leben und haben langsam die Nase voll vom ständigen Wechsel der Beziehungen?
Selbst wenn Sie sich keiner dieser Gruppen zugehörig fühlen, ist dieses Buch bestens zur unterhaltsamen Bettlektüre geeignet. Es ist flott geschrieben, manchmal forsch und stellenweise gnadenlos komisch, vor allem, wenn „Dr. para. Dox rät". Es liefert konkrete Tips für Ihre Partnerschaft, von Zärtlichkeit bis Streitkultur, von Eifersucht bis Bettgeflüster. Es gibt Anregungen wie Sie die Liebe lebendig erhalten, Krisen managen und zuallererst sich selbst treu bleiben. Darüber hinaus machen sich die Autoren Gedanken über Treue als neuen Trendwert – ganz ohne moralischen Zeigefinger. Ein außergewöhnliches Lesevergnügen in seiner Mischung aus fundiertem Wissen und frechem Humor.

Die Autoren

Nicole Fabisch, M.A., geb. 1963, Studium der Germanistik, Publizistik und Psychologie an der Freien Universität Berlin. Arbeitete im Tourismus, im Musikmarketing und als Fernsehredakteurin. Seit 1998 selbständig als Kommunikationstrainerin und Beraterin für Sponsoring-Projekte.
Gerhard Zarbock, Dr. phil., Diplompsychologe, geb. 1959, Studium der Psychologie und Religionswissenschaften an der Universität Hamburg. Psychotherapeutische Weiterbildung in Verhaltenstherapie und klinischer Hypnose. Tätigkeit als psychologischer Psychotherapeut in eigener Praxis und als Lehrtherapeut an einem Ausbildungsinstitut. Nach erfolgreichem Abschluß und wiederholter Lektüre des Buches heirateten die Autoren im Mai 1999.

Nicole Fabisch/Gerhard Zarbock

Treue ohne Reue

Die neue Lust
am Leben zu zweit

Herder
Freiburg · Basel · Wien

Gedruckt auf umweltfreundlichem,
chlorfrei gebleichtem Papier

Originalausgabe

Alle Rechte vorbehalten - Printed in Germany
© Verlag Herder Freiburg im Breisgau 1999
Satz: Rudolf Kempf, Emmendingen
Herstellung Freiburger Graphische Betriebe
Umschlaggestaltung: Joseph Pölzelbauer
Umschlagbild: © by Artcolor®, D-59071 Hamm
ISBN 3-451-05512-0

Inhalt

Auf Du und Du mit diesem Buch 9

Treue ohne Reue oder alles eine Frage
der Einstellung 11
   Trendwert Treue 11
   Von Vögeln und anderen flatterhaften Wesen . . . 13
   Alles Gene oder was? 17
   Weshalb man keine Bananen stiehlt,
   aber nicht weiß wie „treu sein" geht 19

Von Männern, Mythen und Moral 23
   Treue, Thesen, Temperamente 23
   Die sexuelle Revolution frißt ihre Kinder 29
   Das haben wir nun davon:
   Zusammenfassung und Ausblick 32

Weg von der Wegwerfmentalität 34
   Wirtschaft, Werbung, Wechselwerte 34
   Von der Wiege bis zur Bahre, nichts als Ware 35
   Teddys, Treue und Revivals 38
   Von Sehnsucht und Singles 40

Treue zu sich selbst oder Liebe mit Rückgrat 42
   Auf der Suche nach der goldenen Mitte 42
   Ausgeglichene Kontoführung 45
   Blick zurück auf Mutters Glück (?) 46
   Männer und die Venusfalle 47
   Von Pygmalion zu Marlene 49
   Von Fröschen und Prinzen 51
   Dr. para. Dox rät 52

**Das König Drosselbart-Syndrom
oder die fatale Suche nach Mister Perfect** 62
Supermann trifft 007 62
Mein Leben mit dem perfekten Mann 63
Traumfrau gesucht 65
Das Märchen von König Drosselbart 66
Die fatale Suche nach Mister Perfect 69
Die beste Freundin oder Klatsch,
Tratsch und Toleranz 74
Von Optik und wahren Werten 75
Von Blitzschlägen und anderen Illusionen 78
Checkliste: Werte 80
Nähe, aber plötzlich! 81
Langsame Lust 82
Liebesaerobic 84
Dr. para. Dox rät 85

**Eine spannende Beziehung
oder Gegensätze lieben lernen** 89
Frisch verliebt ist halb gewonnen 89
Kleine Persönlichkeitstypologie 91
Checkliste: Extravertiert-Introvertiert 92
Mythen und das Taylor-Prinzip 98
Kleine Familiensaga, Teil 1 100
Beziehungskiller Angst 101
Kleine Familiensaga, Teil 2 102
Streitkultur oder Schlagabtausch? 104
Checkliste: Streitkultur 104
Man lenkt wie man denkt 105
Ring frei oder Streiten wie die Profis 109
Schonzeit für wilde Streiter 115
Dr. para. Dox rät 120

Freiheit, die ich meine oder loslassen können 123
Kleine Familiensaga, Teil 3 124
Checkliste: Kontrolle 124
Kontroll-Strategien 126

Mut zur Angst 130
Kleine Katastrophenkunde 131
Eifersucht, der Stachel im eigenen Fleisch 134
Checkliste: Eifersucht 135
Checkliste: Untreue 137
Vertrauen ist der Anfang von allem 138
Vertrauensbildende Maßnahmen 141
Noch einmal mit Gefühl 146
Der bewegte Mann 148
Allein zu zweien 150

Eine Rose zum Dessert
oder kleine Gesten erhalten die Liebe 153
Pluspuffer statt Anblaffer 153
Kleiner Komplimente-Knigge 155
Schenk' mir doch ein kleines bißchen Liebe 158
Rituale statt Routine 160
Memories are made of this 164
Kleine Gesten erhalten die Liebe 166
Wider die Wickel 167
Checkliste: Unachtsamkeit 169
Sport, Spiel, Spannung 170
Vor'm Bett ans Brett 173

Lust auf Lust oder wie Sex wieder sexy wird 175
Legenden der Leidenschaft, Teil 1 175
Exkurs: Alles Freistil in der Liebe 177
Let's talk about sex, baby 179
Legenden der Leidenschaft, Teil 2 180
Checkliste: Sexualtechnik 181
Dr. para. Dox rät 182
Zärtlichkeit oder die wahre Essenz der Liebe . . . 187

Krisenmanagement 190
Partnerschaft als Achterbahn 190
Streß laß nach 193
Treue ohne Reue 196

Komm mir bloß nicht zu nahe 199
Checkliste: Nähe. 199
Die Kirschen in Nachbars Garten 201
Trennung oder Neuanfang 203
Dr. para. Dox rät 204

Nun ist aber Schluß! 209

Anmerkungen und Literatur 213

Auf Du und Du mit diesem Buch

Ist dieses Buch was für Sie?
Sind Sie frisch versingelt oder frisch verliebt? Lang liiert oder langsam genervt? Im verflixten siebten Jahr oder immer noch auf der verflixten Jagd nach dem Mann (der Frau) fürs Leben?

Haben Sie die Nase voll vom ständigen Wechsel der Beziehungen oder sind Sie ein ertappter Treuloser, der von seiner Partnerin zur Lektüre dieses Buches verdonnert wurde? Auch wenn Sie sich keiner dieser Gruppen zugehörig fühlen, lesen Sie ruhig noch ein bißchen weiter.

In jedem Fall halten Sie das richtige Buch in Händen, wenn Sie die ersten lust- und leidvollen Erfahrungen mit Sexualität und Partnerschaft gemacht haben und es Ihnen ernst ist mit dem Abenteuer Treue.

Von Frau zu Frau
Das Buch richtet sich in erster Linie an Frauen. Zum einen lesen Frauen meistens mehr über Liebe, Lust und Leidenschaft als Männer, zum anderen ist die Hauptautorin eine Frau.

Halt, das heißt nicht, daß Sie jetzt, nur weil Sie ein Mann sind, dieses Werk schnell wieder beiseite legen. Wir haben uns alle Mühe gegeben, auch Ihre Sichtweise zu berücksichtigen. *Tips und Passagen extra für den Mann sind kursiv gedruckt und im allgemeinen unter dem Stichwort „Männersache" zu finden.* Darauf hat der männliche Co-Autor nachdrücklich bestanden.

Finger weg
Sie sollten dieses Buch schnell wieder ins Regal stellen oder ungelesen weiter verschenken, wenn Sie eine trockene und sachliche Abhandlung über die Treue kaufen wollten. Das konnten und wollten wir Ihnen nicht bieten.

Wenn Sie einen nüchternen Partnerschaftsratgeber erwerben wollten, ist dieses Buch vermutlich auch nichts für Sie.

Gebrauchsanweisung

Natürlich können Sie dieses Buch von vorne bis hinten durchlesen. Wenn Sie sich mehr für die rein partnerschaftlichen Aspekte interessieren dann können Sie direkt mit dem Kapitel „Treue zu sich selbst oder Liebe mit Rückgrat" beginnen.

Was Sie erwartet

Das Buch, das Sie hier in Händen halten, ist frech, manchmal etwas forsch und hoffentlich meistens humorvoll. (Das liegt am Temperament der Hauptautorin.) Es ist dabei fundiert, hat Gehalt und ist psychologisch stimmig. (Das liegt am Beruf des Co-Autors.) Das Buch greift Argumente gegen die Treue auf und beleuchtet diese mit kritischem Augenzwinkern. Es gibt Tips für Ihre Partnerschaft, von **A**nblaffen bis **Z**ärtlichkeit, vom **A**ufstehen bis **Z**u Bett gehen.

Ihr Treueteam

Am Anfang standen Wortgefechte der beiden Autoren über Singles, Sex und Seitensprünge. Dann kam die Idee und dann das Buch.

Die Hauptautorin ist extravertiert und reiste viel durch die Welt. Sie arbeitete in Berlin als Kellnerin und in Bangkok als Reiseleiterin, verdiente kleine Brötchen bei einer großen Plattenfirma und größere Brötchen bei einer kleinen Fernsehproduktion.

Der Co-Autor ist introvertiert und trotzdem viel gereist, allerdings eher auf den Spuren asiatischer Weisheit. Er hat bereits ein Buch verfaßt und arbeitet in freier Praxis als Psychologe.

Die Autoren sind seit ein paar Jahren ein treues Team und arbeiten immer noch daran, die Tips dieses Buches umzusetzen.

Treue ohne Reue oder alles eine Frage der Einstellung

Trendwert Treue

„Treue ist spießig." „Monogamie verhindert die sexuelle Selbstverwirklichung." „Wer zweimal mit derselben pennt, gehört schon zum Establishment." Diese und andere Sprüche haben als Folge der 68er Bewegung in den letzten Jahrzehnten das Sexualleben bestimmt.

Die Generation der Eltern oder Großeltern, in Treue fest bis daß der Tod sie scheidet, hatte als sexuelles Vorbild ausgedient. Die herrschende Doppelmoral war durchschaut, das große Schweigen, welches oft zwischen den Ehepartnern herrschte, erschien bedrückend. Die Ehen der Eltern und Großeltern hatten zwar Bestand, nicht selten jedoch um den Preis großer seelischer Verkrüppelungen. Kein Wunder also, daß es die Kinder besser machen wollten. Frei von Heuchelei und Zwängen sollten Lust und Liebe sein.

Aber hat die sexuelle Freiheit wirklich frei gemacht? Hat sie nicht auch viele unglücklich und einsam gelassen? Braucht der Mensch zu seinem Glück vielleicht doch Verbindlichkeit und Vertrauen? Aber kann er überhaupt treu sein?

Forschung und Medien haben in den letzten Jahren alles getan, um die Unmöglichkeit der Treue zu belegen. Anthropologische, genetische, ja sogar zoologische Argumente wurden ins Feld geführt. Promiske Vogelweibchen und polygame Affenmännchen wurden als Beweismittel angeführt. „Die Natur kennt keine Treue" war die Prämisse. So

11

wurde im Zuge der sexuellen Revolution alles mögliche ausprobiert oder zumindest ausdiskutiert: Gruppensex und Partnertausch, offene Beziehung und Swingerclubs . . .

In den letzten Jahren scheint sich aber eine Wende anzubahnen:

Wir haben es heute mit einer Gesellschaft zu tun, die einerseits ihre bisher tragenden Werte fast schon verloren hat, andererseits so verzweifelt wie noch nie nach Orientierung und existentieller Sicherheit sucht. Die christlichen Kirchen befinden sich in einer Krise, die Esoterik boomt. Umfragen ergeben ein großes Bedürfnis nach Halt, nach Vertrauen und treuen Partnerschaften. Die Werte wandeln sich. Waren noch 1977 nur knappe 19 Prozent der Ehewilligen der Auffassung, daß Liebe und Treue die beste Basis für eine solide Ehe sind, so waren es im Jahre 1997 immerhin wieder 54% (im Vergleich zu 83% im Jahre 1954).[1] In anderen Studien steht Treue sogar noch höher im Kurs.[2]

Wenngleich solche Umfragen keine absolute Gültigkeit beanspruchen können, weisen sie zumindest doch auf eine mögliche Kehrtwende hin. Eine Wende hin zur „Reromantisierung der Liebe"[3] – und hin zur Treue.

Treue, ein altmodischer Begriff, aber ein moderner Wert. Vielleicht sogar *der* neue Wert für das neue Jahrtausend.

Ob „treu sein" „in" oder „out" ist, hängt immer auch mit der herrschenden Sexualmoral zusammen. Es hängt damit zusammen, welchen Einfluß auf die individuelle Lebensgestaltung die Religionen und ihre Institutionen haben, welche Rolle der Frau zugewiesen wird und unterliegt dadurch nicht zuletzt auch dem Einfluß von Wirtschaft, Macht und Politik.

Bevor wir genauer darauf eingehen, wie Treue in einer Partnerschaft konkret umgesetzt und gelebt werden kann, möchten wir zu Beginn einige Überlegungen zum Treuebegriff anstellen.

In den nächsten beiden Kapiteln wollen wir Treue über die rein partnerschaftlich sexuelle Ebene hinaus, auch unter allgemeineren Aspekten betrachten: Treue als geistige Grundhaltung Menschen und Dingen gegenüber.

Aber zunächst wollen wir uns mit den Argumenten derer beschäftigen, die uns weismachen wollen, daß Treue nicht möglich ist.

Männer und Frauen passen eigentlich nicht zusammen und treu sein, können sie sich schon gar nicht, hört und liest man immer wieder in den Medien. Um die Unmöglichkeit partnerschaftlicher Treue zu belegen, wird sehr gerne auf Erkenntnisse der Biologie zurückgegriffen. Man bedient sich der Forschungsergebnisse aus der Tierwelt, um Rückschlüsse auf den Menschen zu ziehen. Zeigt die tierische Verwandtschaft Anzeichen der Treulosigkeit, wird dies von einigen Biologen zur Erklärung menschlicher Treueprobleme herangezogen. Andere durchforsten die menschliche Chemie nach Stoffen, die belegen sollen, daß die Natur Treue nicht gewollt haben kann und der Körper geradezu auf Untreue programmiert sei.

Auch die Forscher, die sich mit der Menschheitsentwicklung und den Menschenrassen beschäftigen, die Anthropologen, bringen ihre Argumente in die Diskussion ein. Sie führen Naturvölker ins Feld, studieren Stämme am anderen Ende der Welt oder greifen auf Beispiele aus der Geschichte zurück, um aufzuzeigen, daß Treue dem Menschen eigentlich wesensfremd ist.

Zunächst wollen wir uns kritisch mit der biologischen Argumentation auseinandersetzen. Im darauf folgenden Kapitel wird es dann um gängige historische, politische und anthropologische Thesen und Vorurteile zum Thema Treue gehen.

Von Vögeln und anderen flatterhaften Wesen

Die Biologie beschert uns derzeit nicht nur genveränderte Riesentomaten, sondern auch jede Menge Argumente der Art: „Die Natur kennt keine Treue."[4] Der Mann habe das genetisch programmierte Bedürfnis, seinen Samen möglichst weit unter dem weiblichen Volk zu streuen. „Krieg der Spermien" nennt es flapsig der Evolutionsbiologe Robin Baker. Der Mann müsse nun einmal seine Gene verbreiten und dies wolle er permanent.

Dieser Biologismus steht derzeit hoch im Kurs, wenn es darum geht, die Möglichkeit der Treue oder des friedlichen Miteinander der Geschlechter zu widerlegen. Enzyme, Hormone und andere körpereigene Stoffe werden untersucht. Die Ergebnisse werden dann begeistert in Studien veröffentlicht, die belegen sollen, daß der Mensch scheinbar hilfloser Spielball seines Körpers ist. Vor allem, was sein Sexualverhalten anbelangt und seine Tendenz zur Treulosigkeit, steht der Mensch nach diesen Argumentationen nur am Ende einer endlosen Kette, die mit dem „promisken" bzw. sich wahllos teilenden Einzeller zu beginnen scheint.

Schauen wir uns einige Beispiele einmal näher an, die derzeit die Runde machen.

Beginnen wir mit der Vogelwelt: Störche und andere Zugvögel werden für die biologisch programmierte Untreue ins Rennen geschickt. Sie seien meistens nur einen Sommer lang als Paar zusammen und würden sich danach wieder trennen. Bei den Vögeln sind es nach Ansicht der Vogelforscher keineswegs nur die Männchen, welche wüst durch die Nester ziehen. Auch die Weibchen schielten immer mit mindestens einem Auge nach hübschen, starken Vogelmännchen mit vielversprechenden Genen, die das eigene Männchen nicht vorweisen kann. Die weibliche Feldlerche bevorzugt für einen Seitensprung jubilierende flügelschlagende Hähne. Das Spatzenweibchen treibt es vorzugsweise mit einem Spätzerich, der ein größeres Kehlendreieck aufzuweisen hat als der eigene Nestpartner. Und die Kampfwachtel trägt ihren Namen vermutlich nicht von ungefähr und hält sich gleich einen männlichen Harem: „Auf laute werbende Gurrlaute antworten die auf dem Boden hockenden Männchen mit leisen Tönen."[5]

14

Ähnlich läuft es bei den rotkehligen Regenpfeifern, einem der Schnepfe verwandten arktischen Stelzvogel. Auch hier balzen die farbenfrohen Weibchen, paaren sich mit den unscheinbaren Männchen, legen die Eier und lassen dann die männlichen Blaßschnäbel mit dem Brutgeschäft und der Aufzucht der Jungen alleine. Eine interessante Variante für eine etwaige Übertragung auf den Menschen.

Die Herren der Vogelwelt heißt es, nehmen es mit der Treue auch nicht so genau. Im Fall der Alken machen sie sich ungeniert auch über fest liierte Weibchen her. Buchfink und Amsel zeugen fast ein Viertel des Nachwuchses in fremden Nestern. Der sprichwörtliche Hahn im Korb beglückt gockelhaft den gesamten Hühnerhof.

Was aber ist mit den Gänsen und Kranichen, die lebenslang zusammen bleiben? Oder was ist von jenem dicken flugunfähigen Papagei namens Kakapo zu halten, der auf Neuseeland in seinem Nest herumsteht, leise Töne von sich gibt und hofft, daß ein williges Weibchen vorbeikommt? Kein Wunder, daß er fast ausgestorben ist, werden die Biologen sagen. Der hat das mit der Evolution und der Fortpflanzung nicht so ganz begriffen.

Wir besitzen zu Hause ein Aquarium, in dem es ziemlich rund geht. Die munteren Mollies kopulieren von früh bis spät und lassen sich nur durch die Fütterungen unterbrechen. Weibchen werden oft von mehreren Männchen gleichzeitig bedrängt. Es kommt zu häufigem „Partnerwechsel". Das führt natürlich zu bunt gemischtem Nachwuchs. Sofern dieser nicht gleich von den Eltern gefressen wird, beteiligt er sich bald am unkeuschen Treiben.

Sollte diese fischliche Neigung zum Kannibalismus uns dann nicht auch Anlaß zur Sorge geben? Ist sie womöglich genetisch bedingt? Was, wenn ein solches Gen demnächst beim Menschen entdeckt wird und das „Nichtfressen" des Nachwuchses eine reine Frage der Erziehung ist?

Doch noch einmal zurück in die Tierwelt.

Neben diversen Vogelarten werden auch unsere näheren Verwandten die Affen bemüht. So lassen sich die Schimpansinnen in der freien Wildbahn mit allen interessierten Männchen ein, um möglichst „gute" Gene weiterzugeben. Und bei Rhesusaffen hat man festgestellt, daß der sexuelle Kitzel bei permanentem Zusammenleben nachließ. Kam ein neuer Partner ins Spiel, stieg die Kopulationsrate wieder an, und selbst der alte Partner wurde wieder interessanter.

Bei den brasilianischen Rollschwanzaffen, den Titis, hingegen klammern sich die Paare zeitlebens in geradezu symbiotischer Form aneinander und würdigen keinen anderen potentiellen Paarungspartner auch nur eines Blickes.

Zu guter Letzt sei noch ein Blick in die Tiefsee geworfen. Dort lebt ein Fisch namens Edriolynchus. Bei diesen Meeresbewohnern sind die Männchen von zwergenhafter Gestalt und wachsen, wenn sie ein strammes Weibchen gefunden haben, an deren Bauchseite mit ihr zusammen. Eine ähnliche Hingabe zeigt der männliche Meereswurm Bonellia viridis. Wenn er eine Würmin gefunden hat, setzt er sich in ihre Bauchfalte und gibt den größten Teil seiner Lebensäußerungen auf. Wie Parasiten sitzen die männlichen Würmer auf ihren Weibchen, haben eine nur sehr geringe sinnliche Wahrnehmungsfähigkeit und so gut wie keine Möglichkeit der Fortbewegung. Immerhin können sie dadurch ziemlich sicher sein, daß der Nachwuchs von ihnen stammt.

Wenn man sich umschaut, findet man in der bunten Tierwelt so ziemlich jede denkbare Form der Fortpflanzung oder des Zusammenlebens. Selbst bei den nächsten tierischen Verwandten des Menschen, den Affen, gibt es unterschiedlichste Variationen. Die Analogien aus dem Tierreich zur Erklärung menschlichen Verhaltens sind also nicht ganz unproblematisch. Es läßt sich in der Natur für fast alles irgendwo ein Beispiel finden.

Doch wie sieht es nun mit dem Menschen und seinem

Körper aus? Werden wir von Hormonen getrieben und sind der Chemie unseres Innenlebens hilflos ausgeliefert? Sind wir Opfer unserer Gene und müssen Körperbefehlen folgen, die vor zehntausenden von Jahren zur Überlebenssicherung im Gehirn programmiert wurden? Werfen wir einmal einen kritischen Blick auf das menschliche Triebleben.

Alles Gene oder was?

„Dieselbe Naturgewalt, die Frauen in brutaler ‚Leibeigenschaft' einer monatlichen Menstruation unterwirft, macht Männer zum ständig unruhigen und aggressiven Opfer ihrer Sexualhormone."[6]

Nun stelle man sich folgendes Szenario vor:

Ein Evolutionsbiologe kommt nach einem anstrengenden Arbeitstag nach Hause. Er hat Gene zerpflückt und Hormone geschüttelt, um dem Rätsel Sexualtrieb auf die Schliche zu kommen.

Kaum hat der Mann seinen Wagen abgestellt und sich dem Haus genähert, bemerkt er eine eingeschlagene Fensterscheibe. „Verdammt", denkt er, „da ist jemand eingebrochen." Vorsichtig nähert er sich der Haustür. Sie ist verschlossen. Der Dieb kam ja durch das Fenster. Er schließt auf und tritt ein. Er schleicht in die Wohnung und erstarrt. Aus der Küche kommt lautes Schmatzen. „Ach du Schande, er ist noch da", denkt unser Forscher. Statt auf der Stelle die Polizei zu rufen, folgt er seiner genetisch programmierten Neugier und späht vorsichtig um die Ecke. Vor seinem Kühlschrank sitzt ein Berg von einem Mann und stopft Nahrungsmittel in sich hinein. Gerade beißt der Hüne in ein kaltes Hühnerbein, als er den spähenden Evolutionsbiologen bemerkt. Augenblicklich läßt er das Hühnerteil fallen, springt auf und bricht dem Forscher das Genick. Danach ruft er seine Familie an, murmelt etwas von „Gesetz des Stärkeren" und verkündet seiner Sippe, er

habe ein prima Haus gefunden, in das sie einziehen können. Den Vorbesitzer habe er in fairem Kampf besiegt.

Der Polizei braucht er dann nur noch etwas von einem
unbezwingbaren Testosteron-Monoanimoxydase-Gemisch[7]
zu erzählen und schon ist alles geritzt.

Wenn Ihnen diese Szene sehr übertrieben erscheinen mag,
haben sie nicht ganz unrecht. Aber es stimmt doch nach-
denklich, daß auf der anderen Seite ausgerechnet immer
beim Thema Sexualität die unbezwingbaren Gene, Hormone, Enzyme und ähnliches ins Feld geführt werden. Weshalb sollen wir ihnen hilflos ausgeliefert sein, wo wir doch
sonst alles kultivieren können?

Wie steht es um den Aggressionstrieb? Wie sieht es mit
dem Hunger aus?

Wer käme auf die Idee, mit Genetik oder Trieb zu argu-
mentieren, wenn Aggressionen durchbrechen, Häuser be-
schlagnahmt oder Supermärkte geplündert werden?

Wer käme auf die Idee zu behaupten, daß zwölf- oder
13jährige Mädchen, weil sie ja nun geschlechtsreif seien,
auch umgehend Kinder kriegen müßten?

Es ist mit Sicherheit richtig, daß der Mensch nicht von
Natur aus monogam ist. Schließlich bringt es ihn nicht um,
wenn er untreu ist, zumindest nicht, wenn er sich mit Kon-
domen schützt. Doch was kann denn den Sexualtrieb so
unbezwingbar für ihn machen?

Da beschleicht einen doch eher das Gefühl, daß es sich
vielleicht um praktische Scheinargumente einer männer-
dominierten Wissenschaft handelt, wenn die „mächtige
biologische Schubkraft"[8] ins Feld geführt wird. Auffallend
ist auch, daß von den Medien besonders begeistert diejeni-
gen Forschungsergebnisse veröffentlicht werden, welche
den Menschen als unschuldiges Opfer seiner unkontrol-
lierbaren Körperchemie darstellen. Kann es daran liegen,
daß auch die Medienmacher größtenteils Männer sind?

„Schatz, ich konnte nicht anders, du weißt, die Hormone. Ich mußte einfach auf den Balzblick von Frau Schröder

reagieren", ist natürlich ein weitaus schlagenderes Argument, als „Sorry, Liebling, gestern abend war wieder nichts mit der Selbstbeherrschung. Also dieser kurze Rock von der Schröder . . ."

Aber wehe, man käme auf die Idee zu sagen: „Du benimmst dich nicht anders als ein Tier."

Weshalb man keine Bananen stiehlt, aber nicht weiß wie „treu sein" geht

Nach diesen Überlegungen zur Körperchemie und Genetik wollen wir einen Blick auf die Entwicklung des menschlichen Verhaltens werfen.

In unserem schon erwähnten Aquarium, bringen die paarungsfreudigen Fische immer wieder Nachwuchs hervor. Wenn dieser auf die Welt kommt, ist er schon ziemlich komplett ausgebildet. Die kleinen Tiere haben zwar nur in etwa die Größe eines Fingernagels, sind aber sofort auf sich allein gestellt. Die Fischmütter ziehen ihre Kreise und kümmern sich nicht um ihren Nachwuchs. Dieser versucht, sich geschickt zu verstecken, um nicht gefressen zu werden und dennoch genügend Nahrung zu bekommen, um zu überleben. Soviel zu den Fischen.

Bei den Säugetieren sieht das etwas anders aus. Hier könnte ein Jungtier ohne die Zuwendung der nährenden Mutter nicht überleben. Je höher entwickelt die Säugetiere sind, desto länger dauert die kindliche Abhängigkeitsphase. Bei den höchstentwickelten Säugern, den Primaten (Herrentiere), zu denen neben den Affen auch der Mensch gehört, ist sie am längsten. Die menschliche Kindheit ist in etwa doppelt so lange wie die der jungen Affen. Das kommt nicht von ungefähr. Diese Zeit brauchen die menschlichen Kinder, um überleben zu können. In ihr bauen wir unsere Intelligenz und unser Sozialverhalten aus und lernen unsere Muttersprache. Es ist die Zeit des Lernens, Experimentierens, Übens und Ausprobierens.[9] In dieser Phase lernen wir, unser Triebleben den jeweiligen gesellschaftlichen Gepflogenheiten anzupassen. Wir lernen, nicht einfach in den nächsten Supermarkt zu rennen und dort Bananen zu stehlen, wenn wir Hunger haben oder unserem Spielkameraden sein Butterbrot wegzunehmen. Wir lernen, nicht gleich zuzuschlagen, wenn uns einer dumm kommt. Wir lernen also die Basisregeln der Triebbeherrschung und des Sozialverhaltens. Und kaum ein normal entwickelter Mensch kommt auf die Idee, erzählen zu wollen, daß ihn die Reize überfluten oder er nicht auf die Befriedigung seiner Triebe verzichten kann. Tut jemand dies doch, landet er entweder direkt im Gefängnis, in der psychiatrischen Klinik oder wird bei einem Psychologen vorstellig.

Wir lernen, nicht nur den nackten Trieb zu beherrschen, wir werden darüber hinaus auch noch kultiviert. Wir bekommen beigebracht, mit Messer und Gabel zu essen, statt die Nahrung auf dem direkten Weg per Hand in den Mund zu schieben. Man lehrt uns den Gebrauch von Toilettenpapier, Taschentüchern und Waschlappen. Wir lernen all das, was unsere Eltern für nötig erachten, uns zu vermitteln. Was sie versäumen, müssen wir später durch Nachahmung, in Benimmkursen oder mit Hilfe von Therapeuten nachlernen.

Die Sexualität scheinen viele Eltern immer noch mehr oder weniger in ihrem Erziehungsprogramm zu vergessen. Oft bleiben die Aufklärungsversuche vage. Sie erzählen von Bienen, Blumen und Bestäubung, aber nicht von konkret gelebter Zärtlichkeit und Liebe. Dabei liegen gerade auch für den späteren Umgang mit Sexualität viele Wurzeln in der Kindheit. Wer Glück hat, kann die Eltern als Vorbild nehmen. Idealerweise hat er erlebt, daß Mutter und Vater sowohl Zärtlichkeit und Vertrauen als auch körperliche Anziehung und Leidenschaft füreinander empfunden haben. Die Eltern sind als Vorbild außerordentlich wichtig. Denn der Mensch hat ein angeborenes Bedürfnis nach einem festen Sozialgefüge, das ihm hilft seine manchmal widersprüchlichen Gefühle und Triebe zu steuern. Er braucht Strukturen, in denen er sich entfalten kann. Vor allem aber muß der Mensch Vertrauen aufbauen können, sich auf seine Eltern verlassen können.[10]

Die bekannte Psychoanalytikerin Alice Miller formuliert es folgendermaßen: „Jedes Kind hat das legitime narzißtische Bedürfnis von der Mutter gesehen, verstanden, ernst genommen und respektiert zu werden. Es ist darauf angewiesen, in den ersten Lebenswochen und -monaten über die Mutter verfügen zu können, sie zu gebrauchen, von ihr gespiegelt zu werden."[11]

Ob es nun in jedem Fall die Mutter sein muß, oder ob auch Vater, Oma, Onkel oder andere diese Rolle einnehmen können, sei dahingestellt. Wichtig ist in diesem Zusammenhang nur das Vertrauen, das der Mensch braucht und ohne das er emotional schnell aus der Bahn gerät. Ein Bedürfnis, das sich nicht nach den ersten Lebensmonaten erschöpft.

Ob wir uns mit dem treu sein schwer tun oder ob es eher leicht fällt, hängt von vielen Kindheitserfahrungen ab und weniger von den angeborenen Trieben.

Der Mensch ist kein reines Instinktwesen.

Er ist weder seinen Trieben noch seinen Hormonen hilflos ausgeliefert.

Er lernt sprechen und meistens auch noch lesen und schreiben. Er ist in der Lage, komplizierte zwischenmenschliche Situationen zu meistern und entwickelt hohe soziale Fähigkeiten. Im Gegensatz zum Tier kann er sich seiner selbst bewußt werden. Er wird daher nicht blind von seinen Trieben bestimmt, sondern kann bewußt mit ihnen umgehen. Dies kann sogar soweit gehen, daß er den grundlegendsten Trieb, den Selbsterhaltungstrieb, ignoriert und bereit ist, für seine Ideen oder Ideale zu sterben.

Der Mensch ist also in der Lage, seine Triebe zu beherrschen und auch die Welt um sich zu kultivieren. Wieso also sollte die Sexualität da eine Ausnahme bilden?

Auch der Umgang mit Sexualität ist eine Kulturleistung, abhängig vom jeweiligen moralischen Klima. **Treue kann also auch als Kulturprodukt verstanden werden, als freiwillige Entscheidung unser Triebleben zu gestalten. Dann ist sie lehrbar und lernbar.**

Treue ist nichts, was einem in den Schoß fällt, aber auch nichts, was der Schoß verhindert.

Von Männern, Mythen und Moral

Treue, Thesen, Temperamente

Im letzten Kapitel haben wir Ihnen Antitreue-Argumente aus Sicht der Biologie vorgestellt und kritisch beleuchtet. Im folgenden wollen wir uns gängigen historischen, politischen und anthropologischen Argumenten gegen die Möglichkeit sexueller Treue widmen.

Einige der beliebtesten Thesen sind folgende:

1. Die Menschheitsgeschichte kennt keine treuen Zweierbeziehungen

Schon in urigster Urzeit gab es keine Treue. Männer und Frauen lebten in trauter Stammeseintracht[12] miteinander und schleppten einander in die Höhle, wenn ihnen gerade danach war oder Regeln und Rituale es erlaubten. Auch heutzutage gibt es noch Stämme, die abseits der Zivilisation leben, sei es im hinteren Amazonasgebiet, im Nordosten Sibiriens oder im Inland Papua-Neuguineas, bei denen es jeder mit jedem treibt, wann immer ihm danach ist. Keine feste Paarbindung, keine Eifersucht, freie Liebe unter freiem Himmel – herrlich!

Leider ist dieses freie Liebesszenario auf unsere westliche Kultur nicht zu übertragen. Auch wenn wir manchmal das Gefühl haben, im Großstadtdschungel zu leben, so leben wir nicht mehr im Stamm.

Die Stammesmitglieder kannten und kennen keine individuelle Mobilität oder Ich-Identität nach modernem

Muster. Viele Stammessprachen haben noch nicht einmal ein Wort für „Ich". Das Zentrum des Erlebens ist nicht die isolierte Einzelperson, sondern der gesamte Stamm, meist sogar inklusive der Geister der Ahnen. Als Stammesmitglied lebt man in einer Kleingruppe von vielleicht 30-200 Menschen und nicht wie wir in einer Massengesellschaft. Es gibt feste Stammesregeln, die von allen akzeptiert werden und klare Strafen, wenn diese übertreten oder Tabus verletzt werden. Oftmals sind sogar die Lebens- und Arbeitsbereiche von Männern und Frauen getrennt. Die Begegnung zwischen den Geschlechtern erfolgt nach bestimmten Ritualen. Kaum vorzustellen in unserer Großstadtkultur? Hier versucht jeder individueller zu sein als der andere. Auch die Berliner Love-Parade als eine Art jährlicher Ritus der Fun-Generation basiert keineswegs auf gemeinschaftlicher Verbundenheit. Die Gruppe ist riesig, aber der gemeinsame Nenner ist klein: „Ich will Spaß". Individualität ist Trumpf, die Rollen und Identitäten können immer wieder wechseln. Im Alltag bin ich Telefonistin, auf der Love-Parade ein Gogo-Girl. Männer und Frauen suchen einander, aber oftmals nur für eine Nacht und ohne feste Regeln.

Das Stammesmitglied ist Teil eines echten Kollektivs. Die Beziehungen, gerade der Geschlechter untereinander, werden durch feste Regeln und Rituale geregelt. Der moderne westliche Mensch hingehen lebt als Individuum in einer Massengesellschaft. In den Beziehungen untereinander gibt es kaum noch feste allgemeingültige Regeln.

Vergessen wir also den Vergleich mit dem Stamm und kommen wir zum nächsten Argument.

2. Die Treueforderung ist Ausdruck des Besitzstrebens des Mannes

Das ist historisch gesehen durchaus richtig. Seitdem die Männer begriffen hatten, daß ihr Same bei der Zeugung von Nachkommen eine Rolle spielt, waren sie daran interessiert zu wissen, von wem die Kinder waren. Die Frau wußte immer, ob sie die Mutter war oder nicht. Der Mann konnte sich vor der Erfindung des Gentests leider nicht so sicher sein, ob er tatsächlich der Vater war. Insbesondere wenn er etwas zu vererben hatte, wollte er doch gerne genau wissen, ob der Nachwuchs von ihm war oder ob er seine wirtschaftlichen Errungenschaften an einen Bastard weitergab. Folglich wurde von der Frau absolute Treue gefordert. Ab dem Zeitpunkt, an dem vererbbare Überschüsse produziert wurden und man die Arbeitsteilung eingeführt hatte, wurde die Frau in die Hütte verwiesen.[13] Die Trennung von Kochtopf und Keule zwang die Frau an den Herd.

Und wehe sie wurde bei der Untreue erwischt. Während man die untreue Gattin beispielsweise bei den alten Germanen „nur" mit geschorenem Haupthaar aus dem Dorf trieb[14], war es im Mittelalter durchaus üblich, Frau samt Liebhaber ins Jenseits zu befördern.

Die Verhältnisse haben sich geändert, insbesondere in den letzten 30 Jahren. Unsere Mütter oder Großmütter waren oftmals noch auf drei K´s (Kinder, Küche, Kirche) beschränkt und wirtschaftlich meistens total vom Mann abhängig. Die moderne Frau von heute hat ganz andere Möglichkeiten. Sie hat vielleicht die Qual der Wahl: Kinder oder Karriere. Beides ist auch heute noch schwierig zu vereinbaren. Aber es ist – Arbeitslosigkeit mal außen vor – ihre freie Entscheidung, einen Beruf zu ergreifen und sich wirtschaftliche Unabhängigkeit zu erarbeiten. Treu zu sein, ist heutzutage nichts mehr, was aus Erbschaftsgründen von der Frau gefordert werden muß. Auch der moderne Mann muß seine männliche Ehre nicht mehr absichern und verteidigen, indem er die Frau zur Treue zwingt. Dank Vaterschaftsnachweis und wirtschaftlicher Unabhängigkeit ist Treue heute für beide Partner eine freiwillige Entscheidung. Sie stellt keinen einseitig auferlegten Zwang mehr dar und basiert auf Erfahrung und einer gleichberechtigten Partnerschaft.

3. Die Treueforderung reduziert die Frau zur Gebärmaschine

Jahrhundertelang forderte die christliche Kirche von Männern wie Frauen entweder Keuschheit oder lustlosen ehelichen Sex zur Zeugung von Nachkommenschaft. Eine Auffassung, die auch das Denken des Reformators Martin Luther prägte. „Gut ist's nicht zu freien, es sei denn, es ist notwendig. Notwendig aber ist's, wo Gott die seltene, edle Gabe der Keuschheit nicht gibt, denn kein Mensch ist zur Keuschheit geschaffen, sondern allesamt sind wir geschaffen, Kinder zu zeugen und die Mühen des ehelichen Lebens zu ertragen."[15] Die Ehe wurde zum einzig legitimen Ort der Sexualität, sie wurde zum Sakrament. Hauptaufgabe der Frau war, zu gebären, da waren sich alle Kirchenväter einig. „Ob sie sich aber auch müde und zuletzt todt tragen, das schadet nichts, laß sie nur todt tragen, sie sind darum da." (Luther)[16]

Als strenges sechstes Gebot mit entsprechender Sanktionierung bei Nichteinhaltung wirkte die christliche Treueforderung bis ins 20. Jahrhundert fort. Sie bewirkte Schuldgefühle, Doppelmoral und schließlich offenes Aufbegehren, welches sich zuletzt in der sogenannten sexuellen Revolution der späten 60er Jahre Bahn brach.

Das Gegenargument liegt auf der Hand. Seit über 30 Jahren gibt es die Pille für die Frau und bald vermutlich auch für den Mann. Selbst wenn es der katholischen Kirche nach wie vor mißfällt, so gibt es eine Vielzahl von recht verläßlichen Verhütungsmitteln. Die Entscheidung für oder gegen eine Schwangerschaft liegt in erster Linie bei der Frau. Die Frage der Treue ist zu einer individuellen Entscheidung geworden, unabhängig von gesellschaftlichem Druck. Prinzipiell ist es heutzutage kein Problem mehr, drei Kinder von drei verschiedenen Vätern großzuziehen, gegebenenfalls auch alleine. Die Moral und die öffentliche Meinung zwingen uns nicht mehr zur Treue. Es ist unsere freie Entscheidung unter Einbeziehung rationaler und emotionaler Argumente.

26

4. Treu sein ist prüde und langweilig

Zu Zeiten des Biedermeier bis in die Anfänge des 20. Jahrhunderts hinein mag das durchaus gegolten haben. Treu zu sein war eine der obersten Eheverpflichtungen, wobei das Thema Sexualität komplett ausgeklammert wurde. Alles Sexuelle galt als „unaussprechlich". Frauen wurden zum Kinderkriegen „offiziell" von Störchen ins Bein gebissen . . .[17] Passend dazu erfand man die ersten Nachthemden, damit sich die Eheleute nicht voreinander durch ihren unkeuschen Anblick erschrecken. Eheliche Sexualität diente nach wie vor in erster Linie der Fortpflanzung sowie der geregelten Spannungsabfuhr der Männer. Von Lust war und durfte keine Rede sein. Die zur Prüderie erzogene Frau saß, scheinbar ohne sexuelle Bedürfnisse, treu zu Hause und widmete sich der Erziehung der Kinder. Männer vergnügten sich in Bordellen.

Eheliche Treue war in einer derart verklemmten moralisierenden Gesellschaft in der Tat gleichbedeutend mit Zwang, sexuellem Pflichtakt und Sprachlosigkeit. Und natürlich war durch diese Doppelmoral das Eheleben langweilig, spießig und unerträglich prüde.

Heutzutage haben sich die Probleme verlagert. Wir leiden nicht mehr an einem Zuwenig an Sex, sondern vielmehr an einem Überangebot. Fast alle sexuellen Tabus sind gefallen, fast alles ist erlaubt. Nach Auffassung von Sexualforschern treten wir „zur Sexualität in ein Verhältnis wie zu einer Erlebnisware, also wie zu Unterhaltung, Zerstreuung, Reisen, Sekten, Psychoangeboten."[18] Es ist heutzutage fast schon Standard, in einer Umkleidekabine, einer Flugzeugtoilette oder einem öffentlichen Park miteinander geschlafen zu haben. Sex wird mehr und mehr zu einer Art Olympiade nach dem Motto: Höher, schneller, weiter. Einige wenden sich gestreßt ab und – statt dem Partner – lieber nur noch dem eigenen Körper zu.[19] Andere haben gar keine Lust mehr auf Sex. In einer Zeit der unbegrenzten sexuellen Möglichkeiten macht sich Langeweile breit. Die einen begeben sich auf die Jagd nach dem immer größeren sexuellen Kick, und probieren in dieser wahllosen Sexspirale immer neue Praktiken und Drogen aus. Bei anderen hat das Überangebot totale Lustlosigkeit bewirkt. Da es keine unbefriedigten Wünsche und Verbote mehr gibt, ist die Luft und die Lust raus. „Treu zu sein" ist folglich alles andere als eine verklemmte Variante.

Man dürfte ja alles, wenn man wollte, man will aber nicht mehr alles, was man darf.

5. Die Forderung nach Treue erzeugt Schuldgefühle und macht den Menschen beherrschbar

Während Kirchenfürsten munter an Bordellen verdienten[20] und diverse illegitime Nachkommen zeugten[21], beobachtete der Durchschnittsgläubige angstvoll sein Innenleben. Da allein schon lüsterne Blicke oder bloße Gedanken an außereheliche Sexualität als Sünde galten, wurden Schuldgefühle weit verbreitet. Man stand ständig mit einem Fuß im Fegefeuer. Dankenswerterweise bot die Kirche Schlupflöcher aus der Höllenglut an. Alles, was der sündige Christenmensch tun mußte, war Farbe zu bekennen und sein unziemliches Treiben zu beichten. Danach bekam er die passende Buße auferlegt und erhielt die Absolution erteilt.

Ehebruch galt als besonders schwere Sünde.

Zur Strafe und um den Kampf gegen die Unkeuschheit zu erschweren, verwendete man zu dieser Zeit gerne noch zusätzliches Foltermaterial. Man „trug Bußgürtel mit Bleikugeln und Stacheln auf der bloßen Haut, und zur Zerfleischung der Beine Strafstrumpfbänder aus eisernen Zacken."[22] Ganze Scharen von Büßern zogen derart durch die Lande und schwangen dabei rhythmisch die Geißeln. Man peitschte sich oft bis zur Bewußtlosigkeit, um gegen den Stachel der Fleischeslust anzugehen.

Durch den moralischen Druck der Kirche wurden die Gläubigen also permanent von Schuldgefühlen geplagt. Dies machte sie in der Tat für die Kirche beherrschbar.

Im Gegensatz zu früher hat sich das Verhältnis zur Sexualität sehr verändert. Man darf sich als sexuelles Wesen begreifen. Etwaige Schuldgefühle bezüglich sexueller Gedanken und Impulse lassen sich relativieren. Sexualität gilt als natürlicher Trieb und nicht etwa als Ausdruck von Sünde oder Krankheit. Viele Menschen können heutzutage in ihrer Jugendzeit ihre sexuellen Wünsche entdecken und ausprobieren. So ist es ihnen als Erwachsenen idealerweise möglich, ihre sexuellen Gefühle angstfrei wahrzunehmen und darüber zu entscheiden, wann und mit wem sie Sexualität leben möchten.

Der moderne Mensch muß nicht mehr mit Geißeln oder Strafstrumpfbändern gegen seine Triebimpulse angehen. Er kann sie vielmehr wahrnehmen und ausleben, muß ihnen aber auch nicht unbedingt sofort nachgeben. Selbst in einer Gesellschaft ständiger sexueller Überreizung hat er die Möglichkeit der Entscheidung.

Das Wissen um die sexuellen Triebe des Menschen ist Sigmund Freud, Wilhelm Reich und anderen Sexualwissenschaftlern zu verdanken.

Viele ihrer Erkenntnisse wirken über veränderte moralische Einstellungen und Erziehungspraktiken bis in die Gegenwart hinein.

Die sexuelle Revolution frißt ihre Kinder

In einer lustfeindlichen von Doppelmoral geprägten Gesellschaft, hatte Sigmund Freud die Sexualität als Triebfeder des menschlichen Handelns erklärt. Sein Schüler Wilhelm Reich führte 1928 den Begriff der „sexuellen Revolution" ein. Er ging davon aus, daß sich unterdrückte Sexualität destruktiv umsetze, daß sexuelle Unbefriedigtheit die Aggression steigere. „Durch die Einwirkung der Sexualunterdrückung entsteht die Struktur des Untertanen, der gleichzeitig sklavisch gehorcht und rebelliert."[23]

Ein Begriff, der Geschichte machte, und den sich die

68er Studenten auf ihre Fahnen schrieben. Deren sexuelle Revolution hat viel bewegt und bewirkt, aber hat sie nicht letztendlich ihre eigenen Kinder gefressen?

I can´t get no satisfaction

Anfang der 60er Jahre kamen zwei Produkte auf den Markt, die sich nachhaltig auf unsere Sexualität auswirken sollten: Der Playboy und die Pille.

Wenngleich die Playboy-Bunnies „so viel sexuelle Ausstrahlung haben wie Marzipanschweinchen"[24], so waren sie immerhin splitternackt zu sehen, inklusive der ondulierten Schamhaare. Das Erscheinen dieses Magazins 1964, löste ausgehend von den USA eine erste zaghafte Sexualdebatte aus. Die Pille ihrerseits bereitete auf medizinischer Ebene die Sexwelle vor, indem sie den Frauen erstmals ermöglichte, die Empfängnisverhütung selbst zu bestimmen.

In den USA brach unter dem Eindruck des Vietnamkriegs Ende der 60er Jahre die Studentenrevolte aus. Sie richtete sich gegen die verkrustete Gesellschaftsordnung, gegen die Kriegspolitik und gegen die bestehende Doppelmoral. Im Slogan „Make love not war" wurde dies auf den Punkt gebracht. Das gesellschaftspolitische Aufbegehren wurde gleichsam als sexuelle Revolte gesehen.

Auch in Deutschland demonstrierten Studenten und lehnten sich gegen die bürgerliche Ordnung auf. Man kritisierte den „Muff von 1000 Jahren unter den Talaren" und dehnte den Protest auch auf den sexuellen Bereich aus. Hierzu schreibt die Autorin und Sozialforscherin Sheila Kitzinger: „Frauen glaubten, es genüge, auszugehen und sich dann mit jemandem ins Bett zu legen, nur um ihre Unabhängigkeit zu beweisen: Sie glaubten auch, daß sie damit für Freiheit und Gleichberechtigung mit den Männern kämpften."[25] Sie schienen ferner zu glauben, daß sie durch das bloße Über-Bord-Werfen traditioneller Werte ihre Unabhängigkeit gewonnen hätten und dem Schicksal des

30

„Nur Hausfrau- und Mutter-Seins" entronnen wären. Das war jedoch ein Trugschluß.

Die sexuelle Revolution war in erster Linie männer-orientiert. Man bediente sich der willigen Frauen unter dem Mäntelchen der Freiheit und Unabhängigkeit, trennte Sex und Zuneigung. „So mancher Revolutionär war im stillen bei der alten Doppelmoral geblieben. Hielt sich – Treue fordernd – eine Hauptgeliebte, um sie heimlich mit frei liebenden Nebenfrauen zu betrügen."[26] Man brach mit allen Verpflichtungen und lebte das Lustprinzip, untermauert mit angeblich revolutionärem Ansatz. Es gab keine festen Regeln mehr, Treue war *der* spießige Wert par excellence. Statt dessen war man für häufigen und schnellen Partnerwechsel und bemühte sich krampfhaft um eine originelle Sexualität. Alles, nur kein Besitzdenken und keine Langeweile. Auch die Medien und sogar die Wissenschaft sprangen auf den gleichen Zug. Oswald Kolle drehte Aufklärungsfilme für Deutschland, in Amerika erforschten Kinsey, Masters und Johnson das Sexualleben der Amerikaner. Mit Elektroden, gläsernen Geschlechtsteilen und Statistiken entmystifizierte man die Betten und leuchtete in die verborgensten Winkel der menschlichen Sexualität. Sexualratgeber überfluteten den Markt und selbst biedere Illustrierte veröffentlichten Tips für eine lustvolle Sexualität. Man las von Quickies, multiplen Orgasmen und tantrischen Freuden und begab sich zusammen mit der halben Nation auf die Suche nach dem G-Punkt.

Die Paare wurden unter Druck gesetzt. Den Frauen wurde bei Verweigerung einer flotten Nummer rasch der Vorwurf gemacht, eine „prüde Zicke" zu sein. Die Männer machten sich zum Trottel, wenn sie sich an eine Frau binden wollten.

Feste Paare versuchten sich mehr oder weniger erfolglos in offenen Ehen und Partnertausch und quälten sich mit angeblich spießiger Eifersucht und fruchtlosen Diskussionen.

Die Verhaltensmuster zwischen den Geschlechtern sowie das Regelwerk von Kennenlernen, Rendezvous, Bindung und Sex waren aufgebrochen.

Allgemeingültigen Ersatz für ein geregeltes Miteinander der Geschlechter gibt es bis heute nicht. Bei Männern und Frauen herrscht gleichermaßen eine immense Verhaltensunsicherheit. Die Zahl der Singlehaushalte wächst und mit ihr die Sehnsucht vieler Alleinstehender nach Verläßlichkeit, nach Halt, nach einer beständigen Partnerschaft, nach einer treuen Beziehung.

Das haben wir nun davon: Zusammenfassung und Ausblick

Die Forderung nach sexueller Treue richtete sich bislang weitgehend an die Frauen. Sie diente als Mittel, um Frauen zu unterdrücken, vom Mann abhängig zu machen und einzuschränken. Treue hatte nichts mit Freiwilligkeit zu tun, sie wurde gefordert. Immer von der Frau, oftmals auch von beiden Ehepartnern. Die Treue diente als moralisches Korsett, das möglichst eng geschnürt wurde. Die wirtschaftlich unabhängigeren Männer nahmen sich gemeinhin die Freiheit, aus dieser Enge auszubrechen, die abhängigen Frauen fügten sich in ihr Schicksal oder wurden verstoßen.

Basis dieser doppelten Moral waren bis weit in das 20. Jahrhundert hinein Partnerschaften, in denen keine wirkliche Gleichberechtigung herrschte, in denen die Frau zum Besitz des Mannes gehörte. Eine gemeinsame Entwicklung als Paar fand meistens nicht statt. Ehen wurden im Kirchenhimmel geschlossen, auf Erden gelebt und in der Hölle beendet. Noch die Nachkriegsgeneration lebte oftmals eher sprachlos nebeneinander her, als sich miteinander zu entwickeln. Die Treueforderung war bloße Fessel, und dementsprechend kam der heimliche oder offene Treuebruch einer Befreiung gleich. So sahen es auch die studentischen Revolutionäre, die aus bürgerlichen Elternhäusern kamen. Sie kannten depressive, unmündige Mütter und überforderte, sprachlose Väter. Sie wollten es ganz anders machen als ihre Eltern. Doch statt Erfüllung gab es Verwirrung, nach dem Rausch ein verkatertes Erwachen. Die Sexwelle brach über eine ganze Generation hinein und riß Werte wie Vertrauen, Geborgenheit und Solidarität mit sich. Übrig geblieben sind eine immense Verunsicherung im Hinblick darauf, welche Regeln nun für Beziehungen gelten sollten, und eine diffuse Sehnsucht nach Nähe und Partnerschaft. Doch scheinbar gelingt es immer weniger, dies zu realisieren, denn die Scheidungs- und Singleraten steigen.

Der Versuch, durch freie Sexualität die Gesellschaft in positiver Weise zu verändern, ist de facto gescheitert.

Man könnte sogar die These aufstellen, daß Untreue inzwischen gesellschaftskonform geworden ist.

Der ideale Konsument setzt auf den schnellen Wechsel. Kaum ist der Neuigkeitswert eines Produkts verbraucht, wirft er es weg. Nichts wäre schlimmer, als heute bereits von gestern zu sein. Der größte Stolz des idealen Konsumenten ist es vielmehr, den Trend von morgen zu kennen und ihn in Kleidung, Interessen und Life-Style zu zelebrieren.

Öfter mal was Neues – damit sprechen wir den neokapitalistischen Wirtschaftsbossen aus dem Herzen. Somit können wir behaupten: Schneller Partnerwechsel und Untreue als Programm erfüllt und gestaltet das Lebensgefühl einer Wegwerf- und Konsumgesellschaft.

Somit ist Treue nicht mehr der Ladenhüter von gestern, sondern kann der neue „Protestwert" von morgen werden!

Weg von der Wegwerfmentalität

Werbung, Wirtschaft, Wechselwerte

Das Verständnis von Treue läßt sich über die rein sexuelle Dimension hinaus viel weiter fassen. Treue kann eine Lebenshaltung sein und sich als Grundeinstellung auch auf den Umgang mit Dingen beziehen. Ohne hierbei in zwanghafte Sparsamkeit oder ewige Gestrigkeit abzurutschen, kann es auch ein Zeichen von Treue sein, an Gegenständen festzuhalten. Treue ist gewissermaßen ein Trendwert gegen die Wegwerfmentalität.

Stellen Sie sich vor, Sie haben sich einen Walkman gekauft. Nicht das billigste Modell und nicht die Nobelausführung. Einen ganz normalen Walkman, mit dem Sie in der Bahn sitzen und Musik hören können. Wie es der Zufall so will, haben Sie den Walkman beim Aussteigen so ungünstig in Ihrer Tasche verstaut, daß im Gedränge der Plastikknopf der „Play"-Taste abbrach. Sie haben sich den Schaden betrachtet, kurz geflucht und vergeblich versucht, den Nippel wieder fest zu klemmen. Umsonst, er wollte freiwillig nicht mehr halten. Der Einsatz von Tesafilm nutzte nichts, und kurz bevor Sie zum Sekundenkleber greifen wollen, zerbrach das Teil dann ganz. Sie haben den Walkman also erst mal ein paar Wochen auf dem Küchenregal liegen lassen und sind ohne Musik zur Arbeit gefahren. Soviel zur Vorgeschichte.

Irgendwann kam dann der Tag, an dem Sie Ihren Walkman vom Küchenregal nahmen, abstaubten und ihn von einem Profi reparieren lassen wollten. So ein Plastiknippel kann ja nicht so teuer sein, dachten Sie sich. Aha, Sie verdrehen die Augen und schicken flehende Blicke gen Himmel. Sie haben etwas ähnliches schon einmal erlebt. Man bringt irgendein Gerät, sei es Walkman, Küchenmaschine, Fön etc. zur Reparatur, um sich den Spruch anzuhören: „Ja, das Gerät behalten wir erst mal da, und in zwei Wochen können Sie gerne nachfragen. Ob wir etwas machen können, wissen wir nicht." – „Nein, nur Plastiknippel haben wir nicht, wir müssen das Gerät schon auseinander bauen. Für diesen Arbeitsaufwand berechnen wir etwa 150 DM." Dies ist der entscheidende Punkt. Ein neues Gerät zu kaufen ist kaum teurer als das alte Gerät zur Reparatur zu bringen. Eine Garantie verweigert die Werkstatt. Knurrend nehmen Sie Ihren nippellosen Walkman wieder mit, werfen ihn in die nächste Mülltonne und kaufen einen neuen.

Ähnlich ergeht es kaputten Nylonstrumpfhosen, Regenschirmen oder Taschen mit ausgerissenen Reißverschlüssen.

Von der Wiege bis zur Bahre, nichts als Ware

Dahinter steckt das System der Konsumgesellschaft. Die Anschaffung eines günstigen Neugeräts kommt im allgemeinen nur unwesentlich teurer als die Reparatur des defekten.

Während man in Bangkok, Bombay oder auch Budapest ohne Schwierigkeiten jemanden findet, der mit viel Liebe zum Detail den Nippel ersetzt, den Taschenriemen näht, den Schirm aufarbeitet oder sogar die Laufmaschen wieder hoch häkelt, wird man hierzulande zumeist schief angeschaut und fängt sich zu 90 Prozent eine Absage ein. „Sowas machen wir nicht, lohnt sich nicht, kaufen Sie ein neues." Kein Wunder, daß es sich nicht lohnt, bei den Stundenlöhnen der Handwerker und der deutschen Antihaltung zum Thema Dienstleistung. Aber darüber könnte man ein eigenes Buch schreiben.

Es geht hier nicht um ein Plädoyer für Resteverwertung oder um Pfennigfuchser-Tips à la: „Wir basteln uns einen prima Topfkratzer aus alten Obstnetzen" oder „Hübsche Untersetzer zum Verschenken aus alten Korken". Uns geht es um die Mentalität, die dahintersteckt. Es herrscht ein permanenter Konsumdruck, der erzeugt wird und dem wir uns kaum entziehen können.

Treue zu einem Produkt, zu einem Gegenstand gilt nicht als positiver Wert. Im Gegenteil, es wird oftmals eher als skurril oder knauserig angesehen, an einem prinzipiell noch funktionsfähigen Apparat zu hängen, anstatt ihn irgendwann freiwillig durch ein moderneres Gerät zu ersetzen.

Diese Konsumhaltung beeinflußt letztendlich auch unser Gefühlsleben. Wenn wir von klein auf mitbekommen, daß man Dinge mit kleinen Macken ersetzt und doch lieber gleich etwas Neues kauft, verlernen wir die Wertschätzung von Gegenständen, die uns lange und treu gedient haben. Besonders problematisch ist es, wenn diese Ersatzmentalität sich auf Lebewesen bezieht. So wurden beispielsweise allein in Hamburg vor der Urlaubssaison 1998 20 Prozent mehr Haustiere ausgesetzt als im Vorjahr.[27] Das Geld für eine Tierpension wird gespart, es ist zu umständlich, das Tier in den Urlaub mitzunehmen. „Holen wir uns nach dem Urlaub eben eine neue Mieze." Solch eine treulose Haltung wird unter Umständen auch unserem Partner zum Verhängnis, wenn der erste Lack ab ist.

Die Werbung setzt ganz klar auf schnellen Wechsel und nicht auf Beständigkeit. Und sie unterstützt eine Persönlichkeitsstruktur, die nach sofortiger Bedürfnisbefriedigung lechzt. Die Maxime „Jetzt kaufen, später zahlen"[28] hat sich in den Köpfen der meisten Menschen bereits festgesetzt. Viele von uns haben eine Kreditkarte in der Tasche und der Überziehungskredit scheint immer der nächsten Gehaltszahlung davonzulaufen. VW wirbt um junge Kundinnen mit der Devise „Neues Auto ja. Altes Outfit nein." Hiermit wird suggeriert, daß alles gleichzeitig machbar und erwerbbar ist. Sparen muß nicht sein, kauf gleich, sobald es über dich kommt. „Prämie light" heißt nach Aussage der Autobauer der „neueste Trend". Damit verfolgt VW die gleiche Strategie, die auch andere „light"-Produzenten fahren. Genuß ohne Reue, jetzt und sofort. Kein Streß mehr mit Kalorienzählen, kein Verzicht und keine Kompromisse bitte.

Du darfst alles kaufen, essen und verkonsumieren, ohne dich anstrengen zu müssen – eine derartige Dauersuggestion durch die Medien bleibt nicht ohne Folgen auf unser Verhalten. Das Leben nach dem Lustprinzip wirkt auch im privaten Bereich:

Teilweise wird sogar direkt mit dem Vorzug des Produkts gegenüber dem Partner geworben.

Nehmen wir ein Beispiel:

In einer Eiswerbung läuft ein junger Mann nach einer heißen Knutschszene begierig mit einem Zweimarkstück Richtung Kondomautomat. Kurz vor dem Apparat mit den lustverheißenden Gummis wird sein Blick von einem Gefrierschrank der Eismarke Magnum in den Bann gezogen. Der junge Mann schwankt kurz zwischen Eis und heiß, um sich schließlich für das Eis zu entscheiden. „Manchmal muß man eben Prioritäten setzen", so endet der Werbespot mit dem verzückt am Eis schleckenden Jüngling. Die junge Frau taucht nicht mehr auf. Der Spot findet im Kino jedesmal seine Lacher. Die Botschaft, die dahintersteckt, ist jedoch ziemlich gnadenlos. Es handelt sich um das pure egozentrische Lustprinzip. Eben war es noch die junge Schöne, welche die Sinne des Mannes beflügelte, Sekunden später ist es das Eis, das mehr Lust verspricht. Die Kußpartnerin scheint vergessen. Das variabelste am Trieb ist nun einmal, nach Sigmund Freud, das Objekt.

Eine andere Werbebotschaft suggeriert humorvoll, daß es nur des richtigen Deos oder Spülmittels bedarf, „dann klappt's auch mit'm Nachbarn". Vielleicht kennen Sie die Gillette-Werbung, in der ein Mann am Abgrund hängt und sich mit einer Hand an einem Strauch festhält. Kameraschwenk. Neben ihm hängt eine wunderschöne Blondi-

ne. Slogan: „Man kann nie wissen, wo man seine Traum-frau trifft. Gillette Deo, damit ist man auf alles vorbereitet."
Wunderbare Werbewelt.

Wenn wir doch gewohnt sind, alles sofort zu bekom-men, alles auszuprobieren und bei Nichtgefallen zurückzu-geben oder gegen ein Neues auszutauschen, wieso soll es dann in der Partnerschaft anders sein? Warum den Streß? Wenn es schwierig wird oder erste Mängel auftauchen, wird eben ausgetauscht und weitergesucht.

Sexualforscher und Soziologen bezeichnen das Resultat dieses Verhaltens als „serielle Monogamie"[29]. Man ist treu, solange das Gefühl zum Partner hält, sobald es abkühlt, wird gewechselt.

Teddys, Treue und Revivals

„Die Flut der Waren, die kurzfristig Interesse wecken, de-montiert langfristige, ‚treue' Interessen oder Bindungen an Sachen oder Menschen."[30]

Und es fängt im Kinderzimmer an. Die meisten Kinder in westlichen Gesellschaften wachsen heutzutage in ei-nem Meer von Kuscheltieren und Spielsachen auf. Alle paar Wochen gibt es Nachschub, schleppen Omas und Tan-ten neue Knuddelviecher ins Kinderzimmer. Woher sollen die Kids lernen, dem alten Teddy treu zu sein?

Gut, meistens haben die lieben Kleinen sogar freiwillig ein Lieblingstier, welches über die Jahre hinweg mitge-schleppt wird, bis es in Ehren ergraut und kahl geschubbert ist. Dennoch geht die Tendenz zum Einwegprodukt und zum schnellen Ersatz. Die Frustrationstoleranz läßt nach, sagen die Psychologen, und Lehrer stöhnen: Büffeln ist out, Lernen „light" ist in.

Stellen Sie sich vor, Sie haben eine Uhr von Oma geerbt, eine kleine, schmale, goldene. Sie finden die Uhr ziemlich niedlich, aber alle Freundinnen tragen die dicken, bunten, runden Dinger von Swatch. Sie tragen unverdrossen Omas kleine mechanische und geben kein Geld für eine Plastikquarzuhr aus. Sie hängen an dem Erbstück, und siehe da, Ende der Neunziger tauchen immer mehr schmale kleine Uhren in den Läden auf. Es gibt ein Revival, und Sie sind up to date. Glückwunsch!

Oder Sie stehen auf Frank Sinatra und Dean Martin. „Oh Gott, diese Schmalzbacken! Wie furchtbar, haste nichts anderes?" mußten Sie sich bei jedem zweiten Abendessen mit Freunden anhören. Sie hatten zwar auch andere Musik auf Lager, liebten aber Ihren Frankieboy und sammelten alte Aufnahmen, wo immer sie welche bekommen konnten. 1998 ist er gestorben, und die Läden quollen plötzlich über mit Sinatra. Jede Plattenfirma hatte noch irgendwelche Rechte an Sinatrasongs und brachte eine Sammlung auf den Markt.

Seinem eigenen Geschmack zu trauen und sich selbst treu zu bleiben, ist nicht nur gut für das Selbstwertgefühl, sondern auch ziemlich clever. Die Mode ist unglaublich schnellebig und fast alles erlebt ein Revival.

Oder hätten Sie gedacht, daß in den Neunzigern die Achtziger wieder angesagt sind. Daß ein Film wie „Eine Hochzeit zum Verlieben" Mode und Musik von vor zehn Jahren abfeiert. Daß die gute alte Schlaghose, die Sie vielleicht mit 13 noch getragen haben, Sie mit 30 wieder einholt. Eigentlich lohnt es sich überhaupt nicht mehr, etwas wegzuwerfen, um auf dem Laufenden zu sein. Es wird ja doch in zehn Jahren wieder modern.

Und als „bad taste" geht es notfalls immer noch durch. Aber was kommt nach „bad taste" und „Debilismus"?[31] Womit kann man noch rebellieren und anders sein als die anderen, wo doch fast alles schon mal da war?

Vielleicht die Joghurtbecher wieder wegwerfen, aus Protest gegen die Ökomoral? Oder nur Plastikblumen aufstellen oder doch wieder echte Pelze tragen? Nach uns die Sintflut?

Die moralische Keule wurde oft genug geschwungen

und irgendwie kann man „political correctness" und „Öko-Debatten" kaum noch hören.

Und überhaupt: Sie sind schon Greenpeace-Mitglied und bremsen auch für Männer. Sie spülen Ihre Milchflaschen aus und kaufen nur Vollkornbrot. Den Vorderzahn, den Sie sich daran ausgebissen haben, ist aus recyclebarem Plastik und gekauft hatten Sie das Ganze im Leinenbeutel. Sie haben einen Paten-Panda in Peking, meditieren für das Ozonloch und atmen gegen Gewalt. Was sollen Sie noch alles tun und vor allem, was hat das alles mit Treue zu tun? Eine ganze Menge: Treue zur Natur beispielsweise ist eine ökologisch und ökonomisch wünschenswerte Einstellung. Mit einer treuen Einstellung dem guten alten Apfelbaum gegenüber, werde ich ihn weniger flott für den Bau einer zweiten Garage fällen als ohne diese.

Treue ist ein Stück Lebenskraft. Treue gibt Ihrer Partnerschaft mehr Spannkraft. Gehen Sie meilenweit für die Treue. Es lohnt sich!

Von Sehnsucht und Singles

Fast 90 Prozent der Deutschen wünschen sich einen treuen Partner und träumen von haltbaren Beziehungen.[32] Ein Wunsch, der sich durch alle Generationen zieht. Und trotzdem wird jede dritte Ehe in Deutschland geschieden, Tendenz steigend. Wie unser kleiner Exkurs zeigte, kommen unsere Schwierigkeiten nicht von ungefähr. Treue ist ein Wert, der gesellschaftlich kaum unterstützt wird; von der Wirtschaft schon gar nicht.

Die knapp 15 Millionen Singles, die in Deutschland leben sind eine wunderbare Zielgruppe und öffnen der Wirtschaft neue Nischen. Als Arbeitnehmer sind sie mobil und ziehen klaglos von Frankfurt nach Hamburg und zurück, wenn die Firma es möchte. Notfalls sind sie sogar bereit, als Teilzeit-Singles Wochenendbeziehungen zu führen, welche die allerkürzeste Halbwertzeit haben.[33]

Sie sind oft recht kaufkräftig und -willig und geben eine Menge Geld für Kleinpackungen und das soziale Leben aus (Kleidung, Fitneßcenter, Nachtleben etc.).

Und wenn es mit dem Kennenlernen so gar nicht klappen will, dann bieten rund 600 Partnervermittlungen ihre Dienste an und verdienen mit einem geschätzten Umsatz von jährlich 300 Millionen Mark nicht schlecht am Geschäft mit der Sehnsucht nach Bindung.

Treue ist mehr als partnerschaftliche Monogamie. Treue ist eine Grundhaltung.

Je mehr man versucht, sich über Wechselwerte im Konsum zu stabilisieren, desto schwerer wird man sich vermutlich tun, eine dauerhafte Partnerschaft zu entwickeln. **Der Mensch ist, was seine Grundwerte angeht, leider nicht teilbar.** Wenn es immer der neueste, schrillste, jüngste Trendartikel sein muß, dann paßt dazu nicht unbedingt ein Partner, mit dem man durch Höhen und Tiefen gegangen ist und der auch Spuren dieser gemeinsamen Vergangenheit im Gesicht geschrieben trägt.

Das ist natürlich nur eine Facette der großen bunten Treuewelt. Also legen Sie das Buch nicht gleich wieder weg, nur weil Sie heute dem Konsumrausch erlegen sind und vielleicht aus Frust einen sündhaft teuren Fummel erstanden haben. Oder weil Sie auf Fastfood stehen und auf die Schnelle eine Portion Pommes rotweiß verdrückt haben. Wer hat schon ideale Voraussetzungen? **Treue ist kein konservativer, überlebter Wert aus der Mottenkiste der Moralapostel. Treue als Haltung, die Bewahrenswertes schützt und pflegt, ist eine moderne, geradezu überlebensnotwendige Einstellung. Sie schafft Raum für Sicherheit, Geborgenheit und Vertrauen sowie die Möglichkeit, einmal vom Leistungsdruck ausruhen zu können.**

Treue zu sich selbst oder Liebe mit Rückgrat

Auf der Suche nach der goldenen Mitte

Wer dem Partner treu sein will, muß zuerst sich selbst treu sein.

Treue zu sich selbst bedeutet, Selbst-Vertrauen zu haben, zu sich und seinen Meinungen zu stehen. Treue zu sich selbst bedeutet, eine eigene unverwechselbare Identität zu haben, zu wissen, wer man ist und was man will. Und Treue zu sich selbst bedeutet nicht zuletzt, sich selbst zu mögen.

Sie haben vielleicht schon einmal den Spruch gehört: „Nur wer sich selber liebt, kann auch andere lieben." Diesen Satz könnte man umformulieren in „Nur wer sich selbst treu ist, kann auch anderen treu sein."

Das klingt so einfach, hat es aber in sich. Bedeutet er doch, die Gratwanderung anzutreten zwischen zwei gegensätzlichen Polen. Nennen wir sie der Einfachheit halber Nord- und Südpol.

Der Nordpol läßt sich mit der Aussage umschreiben: „Ich mache, was ich will und ziehe mein Ding in jedem Fall durch."

Der Südpol könnte umschrieben werden mit: „Wir beide sind eins, für dich gebe ich alles auf, wir machen alles gemeinsam."

Zur Verdeutlichung der **Nordpolposition** könnten Sie sich als Frau folgendes vorstellen:

Sie lieben Pink. Wenn Sie pink sehen, werden Sie schwach. Sie haben ein komplettes Outfit in dieser Farbe. Angorapullover, Unterwäsche, Jeans, Haarband, Socken. „Pretty in pink" ist Ihr Motto. Inzwischen haben Sie auch angefangen, Hand an die Wohnung zu legen. Sie haben pinkfarbene Handtücher gekauft, eine pinkfarbene Überdecke für die Wohnzimmercouch und sind gerade dabei, pinkfarbene Gardinen zu nähen. Da kommt Ihr Partner ins Zimmer: „Liebling, was machst du da? Oh nein, nicht auch noch pinkfarbene Vorhänge. Ich kann diese Farbe nicht mehr sehen. Anfangs fand ich es noch sexy, du in deinen pinkfarbenen Hot Pants, aber jetzt wird es langsam zur Marotte. Nicht auch noch die Wohnung. Also ehrlich! Nur über meine Leiche!"

Gehören Sie zu den Nordpol-Vertreterinnen, werden Sie die Vorhänge aufhängen und die Wohnung komplett pink streichen. Soll er doch ausziehen. Ihnen ist das egal, Sie ziehen Ihr Ding durch, und das ist nun mal pink.

Männersache:

Ihre Partnerin ist Vegetarierin und ißt nichts, was ein Gesicht hat. Schokoladen-Nikoläuse ausgenommen. Sie finden das ziemlich idiotisch. Sie lieben Fleisch. Sie brauchen es. Proteine! Sie wollen Steaks! BSE hin oder her, von irgend etwas stirbt man sowieso. Es stört Sie nicht. „Ich esse nur Rinder, die sich streng vegetarisch ernährt haben", sagen Sie immer. Die Gemüsebratlinge Ihrer Freundin finden Sie fade, kein Vergleich zu einer richtigen Boulette. Wenn schon Essen gehen, dann ins Steakhaus. Und wenn Sie kochen, dann nur Fleischliches. Daß Ihre Freundin letztens einen Schreikrampf bekam, als Sie im Flur einen Hasen gehäutet haben, ist Ihnen egal. Damit muß sie leben lernen, denn Sie ziehen Ihr Ding durch. Kompromisse gibt es keine.

Nun zur Südpolposition:
Jahrelang sind Sie wie Platons einsame Hälfte durch die Welt geirrt. Sie haben unnütze Hobbys gepflegt und die Zeit in Diskotheken oder bei Freunden totgeschlagen. Sie

hingen in Fitneßstudios herum oder bemalten Seidenschals. Dann – endlich – haben Sie IHN getroffen. Ihre Ergänzung, Ihre fehlende Hälfte! Endlich. Sie haben sofort sämtliche überflüssigen Beschäftigungen eingestellt und widmen sich nun ganz IHM. Sie lesen zusammen, kochen zusammen, sehen zusammen fern. Wenn Sie ausgehen, dann nur als Paar. Sie sind ein Herz und eine Seele und wollen nie mehr auseinander gehen.

Männersache:

„Was machen Sie beruflich?" – „Ich mache die Buchhaltung für meine Frau." – „Wie, was macht Ihre Frau denn?" – „Sie ist erfolgreiche Autorin." – „Und Sie machen die Buchhaltung." – „Ja." – „Sonst nichts?" – „Doch, doch, ich tippe die Manuskripte, lese Korrektur und massiere ihr den Nacken." – „Und was machen Sie so für sich?" – „Für mich? Äh, naja, ab und zu schwimme ich ein bißchen, damit ich mein Gewicht halte und meine Frau mich noch attraktiv findet." – „Haben Sie denn nichts eigenes?" – „Wie eigenes? Ich gehe ganz in meiner Arbeit auf und halte meiner Frau den Rücken frei. Ich mache den Haushalt, damit sie in Ruhe arbeiten kann. Das reicht doch wohl, oder?"

Wenngleich diese Beispiele etwas überspitzt sind, verdeutlichen sie doch die beiden genannten Pole.

Auf der einen Seite die „Ich mache, was ich will"-Einstellung auf der anderen Seite die „Ohne dich bin ich gar nichts"-Position.

Weder die eine noch die andere Haltung sind förderlich für eine gleichberechtigte Partnerschaft. Sie können eine Beziehung auf Dauer nicht völlig ohne Kompromisse leben. Sie sollten sich aber auch nicht völlig aufgeben für den Partner. Die Balance zu finden ist genau die Schwierigkeit. Sie ist aber immens wichtig, auch für die Treue.

Ausgeglichene Kontoführung

In der Partnerschaft kommt es darauf an, auf Ausgeglichenheit zu achten. Man könnte auch von einem Beziehungskonto sprechen. Beide Partner zahlen auf dieses Konto ein. Kleine Liebesgesten werden ebenso verbucht wie gemeinsame oder individuelle Entwicklungsschritte. Im Idealfall freuen Sie sich über einen sportlichen Erfolg des Partners, er sich über Ihr berufliches Weiterkommen und umgekehrt. Sie haben eigene Interessen und erzählen dem Partner davon. Sie regen sich gegenseitig an. Diese Anregungen landen ebenfalls auf der Habenseite Ihres Kontos. Stellt nun ein Partner die Zahlungen im Bereich Anregungen komplett ein, ist das Konto nicht mehr ausgeglichen. Die Beziehung gerät in die roten Zahlen.

Wenn das ganze Ihnen zu abstrakt ist, nehmen Sie eine Wippe. Beide Partner balancieren aus. Mal ist die eine oben, mal der andere. Mal gibt der eine den Anstoß, mal die andere. Gibt nun ein Partner keinen Anstoß mehr, und geht das über lange Zeit, verhungert der andere Partner in der Luft.

Wenn die Beziehung in den roten Zahlen ist oder einer oben auf der Wippe festsitzt, ist die Gefahr groß, daß sich die Partner Anregungen außerhalb der Beziehung suchen.

Diese Gefahr existiert sowohl für die Nordpol- als auch für die Südpolfraktion.

Wenn Sie gnadenlos Ihren Egoismus ausleben und auf den Partner überhaupt keine Rücksicht nehmen, sucht er sich seine Bestätigung vermutlich woanders.

Wenn Sie sich ganz aufgeben und nur noch für den anderen da sind, verlieren Sie Ihre Identität und fühlen sich vollkommen von der Anerkennung Ihres Partners abhängig. Sie spiegeln sich in Ihm und bedürfen seiner Unterstützung, um sich gut zu fühlen. Vielleicht fragen Sie ihn fünfmal täglich „Liebst du mich noch?" „Liebst du mich wirklich?" und überwachen sorgfältig sein Mienenspiel, immer auf der Suche nach einer möglichen Verstimmung und wehe, er schert aus.

Vielleicht spielen Sie ja auch beide mit. Leben wie siamesische Zwillinge. Das kann schon eine Weile gut gehen, aber Sie laufen Gefahr, in Ihrer Entwicklung zu stagnieren und sehen ziemlich alt aus, wenn Ihr Partner plötzlich doch nicht mehr als Zwilling leben möchte. Wenn Sie Glück haben, werden Sie sogar als siamesisches Zwillingspärchen alt. Wenn Sie davon überzeugt sind, die Scheidungszahlen ignorieren wollen und sicher sind, daß weder Sie noch Ihr Partner jemals fremd gehen würden, klappen Sie am besten dieses Buch zu.

Aber noch einmal ernsthaft: Es kommt auf den goldenen Mittelweg zwischen den Polen an. **Es ist für eine gute Beziehung wichtig, daß beide Partner ihre Identität wahren und sich selbst treu bleiben.**

Ein Mensch ist nach Ansicht von Psychologen erst dann, wenn er Identität besitzt, „für die Intimität bereit, das heißt fähig, enge Bindungen und Partnerschaften einzugehen".[34]

Für eine dauerhafte Partnerschaft besteht folglich dann eine gute Basis:

- wenn sich beide Partner individuell entwickeln und persönliche Neigungen verfolgen, die der andere nicht teilt.
- wenn der jeweilige Partner zu Hause eigene Interessen verfolgt und dadurch immer ein bißchen neu und fremd bleibt.
- wenn eine gemeinsame Entwicklung stattfindet.
- wenn beide Partner stabile Identitäten haben, und nicht permanent Bestätigung im Partner suchen.

Blick zurück auf Mutters Glück (?)

Wenn es denn so einfach wäre. Ein paar kurze Schlaglichter in die Vergangenheit:

Noch die Generation unserer Mütter hatte große Schwierigkeiten, eine eigene Identität aufzubauen.

Es war normal und wurde geradezu erwartet, das eigene

Ego hinter das des Mannes zurückzustellen. Man lernte sich kennen, hatte ein paar Rendezvous, wurde den Eltern vorgestellt und landete vor dem Traualtar. Eine fundierte Ausbildung war für Mädchen nicht notwendig, da sie ja doch heiraten würden. Zuviel Wissen war eher hinderlich. Hauptsache sie hatten Ahnung von Hauswirtschaft. Die eine oder andere hatte bis zu ihrer Hochzeit vielleicht als Sekretärin, Friseurin oder Stenotypistin gearbeitet. Mit der Eheschließung war jedoch meistens klar, daß sie nun ihren Ernährer gefunden hatte und den Beruf wieder aufgab.

Dieser gesellschaftliche Druck, der auf die Frau ausgeübt wurde und sie zur Aufgabe ihrer Identität verpflichtete, wurde nicht immer klaglos hingenommen. So schreibt beispielsweise eine der berühmtesten Witwen, Alma Schindler Mahler (1879–1964), in ihren „Erinnerungen an Gustav Mahler": „Es empörte ihn, daß irgend etwas in der Welt mir wichtiger sein könne als ihm zu schreiben. Er sandte mir einen langen Brief, in dem er mir verbot, weiterhin zu komponieren. Was aber hat er mir damit angetan! . . . Ich habe damals meinen Traum begraben. Vielleicht ist es besser so gewesen. Ich habe, was ich an produktiven Gaben besaß, in andern größeren Hirnen ausleben dürfen. Irgendwo aber brannte eine Wunde in mir, die niemals ganz verheilt ist."[35]

Als Gustav Mahler neun Jahre nach der Hochzeit starb, war Alma noch jung. Doch anstatt ihr kreatives Schaffen wieder aufzunehmen, begab sie sich in die Rolle der Muse. Ihre Affären und Ehen mit bekannten Männern wie Franz Werfel, Oskar Kokoschka, Walter Gropius, sollten ihren Namen unsterblich machen, nicht jedoch ihr eigenes künstlerisches Schaffen.

Männer und die Venusfalle

Fairerweise sollte an dieser Stelle bemerkt werden, daß gerade heutzutage auch immer mehr Männer in die Identitätsfalle tappen.

So haben junge Männer teilweise große Schwierigkeiten, ihr Selbstwertgefühl neben einer starken Freundin zu behaupten.

Männersache:

Ein ruhiger, in sich gekehrter Informatikstudent lernt eine agile junge Frau kennen. Die beiden finden Gefallen aneinander und starten eine Liebelei. Der junge Mann ist hin und weg von ihr. Sie verkörpert scheinbar alles, was er sich immer erträumt hat. Sie ist lebendig, hat einen großen Freundeskreis und ist ständig auf Parties eingeladen. Er selbst ist eher zurückhaltend, hat wenig Freunde und sitzt meistens am Computer. Aber für sie ist er wild entschlossen, sein Leben zu ändern. Für sie ist er bereit, alles tun. Er kauft sich schickere Kleidung und begleitet sie auf Parties. Sie mag seine ruhige Art, er liebt ihr Temperament. Er läßt den Computer links liegen und versucht sich auf ihren Spielfeldern zu bewegen. Sie nehmen gemeinsam Tangostunden, nur leider ist er unsportlich und ihm fehlt das Feeling, so daß sie nach einer Weile aufgeben. Sie nimmt ihn mit auf Konzerte, nur ist es ihm eigentlich zu laut, und er klatscht nie im Takt.

Er gibt sich alle Mühe, die coolen Jungs aus ihrem Bekanntenkreis nachzuahmen. Er kopiert deren Sprüche und orientiert sich an deren Hobbys. Aber irgendwie ist er immer nur eine schlechte Kopie. Um seine temperamentvolle Freundin bei der Stange zu halten, ist er von jedem ihrer Vorschläge begeistert, lädt sie oft ein und läßt sich ihre Launen gefallen. Schließlich will er sie nicht verlieren. Nach einem halben Jahr gibt sie ihm dennoch den Laufpaß. „Ich konnte deine peinlichen Kopierversuche nicht mehr ertragen. Nie hattest du eine eigene Meinung. Du hast ja null Rückgrat. "

Ob zwei so unterschiedliche Partner überhaupt eine Chance haben, oder ob so eine Konstellation von vorne herein zum Scheitern verurteilt ist, erfahren Sie später. Bleiben Sie am Ball!

Von Pygmalion zu Marlene

Eine Steigerungsform weiblicher Selbstaufgabe ist es, die eigene Identität völlig umgestalten, sich durch einen Mann neu schaffen zu lassen. Man kann dieses Verhalten, hinter dem im allgemeinen ein „kreativer" männlicher Partner steht, als Pygmalion-Syndrom bezeichnen.

Pygmalion ist eine Gestalt aus der griechischen Mythologie. Er war König und Bildhauer. Eines Tages modellierte er eine Frauenstatue. Er war von seiner eigenen Schöpfung so begeistert, daß er sich in sie verliebte. Da die Angebetete leider nur aus Elfenbein war und es dadurch mit fleischlichen Freuden schwierig war, flehte er die Göttin Aphrodite an, seiner Statue Leben einzuhauchen. Die Göttin der Schönheit und Liebe ließ sich erweichen, und so konnte Pygmalion seine eigene Schöpfung, Galatea, ehelichen.

Dieses Motiv findet sich auch im Musical „My fair Lady". Hier ist Professor Henry Higgins der Pygmalion und das Blumenmädchen Eliza Doolittle seine Schöpfung. Nachdem er ihr den schnoddrigen Straßenmädchenjargon abgewöhnt hat, darf auch sie ihn heiraten.

Vor allem in der Entertainmentbranche und der schillernden Scheinwelt Hollywoods kann der männliche Gestaltungseifer den Frauen durchaus Vorteile bringen.

Vielleicht dürfen sie ihren Pygmalion heiraten und steigen gesellschaftlich auf. Vielleicht machen sie durch IHN Karriere.[36] Marlene Dietrich, Rita Hayworth, Bo Derek, sie alle sind Frauen, die sich von Regisseuren schaffen bzw. umgestalten ließen. Sie alle waren bereit, ihre ursprüngliche Identität aufzugeben und alle haben sie Karriere gemacht.

Bei der Dietrich war es der Regisseur Josef von Sternberg. Er ließ die spätere Diva nach Hollywood kommen. Dort verordnete er ihr eine Runderneuerung. Zunächst mußte sie 15 Kilo abspecken und sich danach die Backenzähne ziehen lassen, damit ihre Wangenknochen stärker hervortraten. Der Rest konnte durch Schminke und geschicktes Zupfen der Augenbrauen bewirkt werden. Der eher pummelige Jungstar aus „Der Blaue Engel" wandelte sich vom plumpen Fräulein zur unnahbaren Diva. Nur hatte von Sternberg nicht soviel Glück mit dem Treuepotential seiner Schöpfung. Sie ließ ihn schließlich sitzen, was Sternberg schwer zu schaffen machte und seiner Karriere abträglich war.

Rita Hayworth hatte in Edward Judson einen etwas gnädigeren Schöpfer. Ihr blieb der Weg zum Zahnarzt erspart. Sie mußte lediglich Frisur und Image ändern. Zum Dank dafür wurde sie von ihm geheiratet.

Bo Derek ist uns vor allem durch ihre neckische Zöpfchen-Frisur in „Die Traumfrau" bekannt geworden. Image und Filmrollen verdankte auch sie ihrem Ehemann John Derek. Leider überdauerte nur die Frisur, die man sich inzwischen in Fußgängerzonen flechten lassen kann. Die Filmkarriere von Frau Derek verlief im Sande.

Über das Seelenleben der von Männern geschaffenen Stars ist uns leider nichts bekannt. Vermutlich wußten diese Frauen, worauf sie sich einließen und waren um ihrer Karriere willen zu den oben geschilderten Schritten bereit.

Generell kann man jedoch davon ausgehen, daß das Selbstwertgefühl eines Menschen unter einer radikalen Imageveränderung leidet. **Die eigene Identität aufzugeben, um dem Partner zu gefallen, beeinträchtigt nicht nur das eigene Ego, sondern auf längere Sicht zumeist auch die Beziehung.** Die Psychoanalytikerin Ethel S. Person schreibt hierzu: „Leider ist dieses Glück aber oft von kurzer Dauer, da die radikale Selbstaufgabe sowohl für den Liebenden als auch für die geliebte Person letztlich schwer zu ertragen ist. Der Liebende riskiert die totale Vernichtung, wenn die geliebte Person ihn abwertend oder abschätzig behandelt . . ."[37]

Sätze wie „Ich brauche dich", „Ich kann ohne dich nicht leben", schleichen sich vielleicht ein, sollten aber möglichst schnell wieder aus dem Liebesrepertoire gestrichen werden. Der Partner mag sich dadurch geschmeichelt fühlen und anfangs positiv reagieren. Auf längere Sicht wird es ihn vermutlich eher in Panik geraten lassen. Und ihrem Ego tut es auch nicht gut.

Hier ein mögliches Katastrophenszenario in Kurzform:
Durch die bedingungslose Anpassung an den Partner entwickeln Sie sich nicht weiter. Sie machen, was Ihr Partner sagt und haben keine eigenen Interessen mehr. Der Partner fühlt sich zunächst geschmeichelt und von Ihnen verstanden. Mit der Zeit wird er es jedoch leid, immer nur sich selbst gespiegelt zu bekommen. Er bricht aus der Beziehung aus und beginnt eine Affäre. Schließlich verläßt er Sie sogar.

Sie kämen nicht im Traum darauf, sich ummodeln zu lassen und ihren Job würden Sie auch nicht aufgeben. Ist doch übertrieben, das ganze, meinen Sie nun dazu. Vielleicht. Die Tendenz zur Selbstaufgabe schleicht sich aber manchmal durch die Hintertür ein.

Von Fröschen und Prinzen

Stellen Sie sich folgendes vor:
Sie sind frisch verliebt. Sie mußten eine ganze Reihe von Fröschen küssen, die sich partout nicht verwandeln wollten. Nun aber haben Sie endlich Ihren Prinzen gefunden, ein männliches Prachtexemplar, einen Adonis, eine Mischung aus Intelligenz und Schönheit, ein bißchen Bruce Willis, ein bißchen Brad Pitt, vielleicht noch mit einem Hauch von Pierce Brosnan. Und er hat tatsächlich angebis-

sen. Alles wie im Bilderbuch. Sie denken ständig an ihn. Die Kollegen machen schon dumme Bemerkungen über Ihren verklärten Gesichtsausdruck. Sie haben das dringende Bedürfnis, soviel Zeit wie möglich mit Ihrem Schatz zu verbringen. Die Nächte sind zu kurz und die Zeiträume, in denen Sie Ihren Liebsten nicht sehen, zu lang. Nach so vielen Fröschen endlich der Prinz. Das Warten hat sich gelohnt. Um dieses seltene Prachtexemplar nicht zu verlieren, sind Sie bereit alles aufzugeben. Für ihn würden Sie durchs Feuer gehen, Ihr letztes Hemd geben. Genau! Ihre grauen Zellen funken nur noch rosarot.

Wenn Sie wissen wollen, wie Sie es anstellen, Mister Wunderbar innerhalb kürzester Zeit aus Ihrem Leben zu entfernen und zu Ihrem Single-Dasein zurückzukehren, lesen Sie weiter.

Dr. para. Dox rät:

1. Rufen Sie ihn stündlich an

Sie sind außer sich vor Glück. Sie können keinen klaren Gedanken mehr fassen. Sie denken nur noch an ihn. Los, teilen Sie es ihm mit. Rufen Sie ihn an. Rufen Sie ihn nicht nur einmal an, rufen Sie ihn stündlich an. Lassen Sie sich nicht abhalten, wenn er Ihnen sagt, er sei sehr beschäftigt. Das sagt er nur, weil die Kollegen daneben stehen und er so tun muß, als ob er arbeitet. Lassen Sie sich nicht irritieren. Teilen Sie ihm jede Gefühlsäußerung mit. Sollte er wirklich beschäftigt sein und Sie erreichen ihn telefonisch nicht mehr, gibt es doch Faxe. Bombardieren Sie ihn mit Faxen. Vielleicht arbeitet er in einer Werbeagentur, ist also ein sogenannter Kreativer. Wunderbar! Zeigen Sie ihm, daß auch Sie kreativ sind. Malen Sie Herzen, Amors, Glücksschweinchen und schicken Sie ihm diese per Fax. Wenn Sie nur die Faxnummer der Zentrale haben, macht nichts. Irgendeine Kollegin wird ihm die kleinen

Liebesbotschaften schon übermitteln. Ziehen Sie alle Register. Beschränken Sie sich nicht auf Malen. Schreiben Sie ihm auch Gedichte. Denken Sie sich Kosenamen für ihn aus: Putzibärchen, Murkelmännchen, Wonneschnäuzchen. Beschreiben Sie im Detail, wie wundervoll Sie ihn letzte Nacht fanden. Faxen Sie ihm alle spontanen Gedanken zu und lassen Sie nichts aus. Seine Kollegen werden begeistert sein.

2. Geben Sie Ihre Hobbys auf

Sie lernen Step-Tanz, bemalen Seidentücher und gehen einmal die Woche zum Spanischkurs.

Lassen Sie das sein, es sei denn Ihr Liebster ist Spanier und versteht Sie sonst nicht. Sie können es sich nicht leisten, an so vielen Abenden nicht zu Hause zu sein. Wollen Sie Ihren Traummann einer anderen überlassen? Sie sollten Ihre frische Beziehung nicht dadurch gefährden, daß Sie durch Abwesenheit glänzen. Auch wenn er abends nicht so viel Zeit hat wie Sie und partout nicht von seinem Basketballteam lassen will. Macht nichts. Halten sie sich bereit. Vielleicht ist ja mal der Trainer krank, und dann können Sie sofort einspringen. Signalisieren Sie ihm, daß Sie ganz und immer für ihn da sind und sich durch nichts und niemanden von Ihrer Liebe zu ihm ablenken lassen.

3. Sagen Sie Ihren Freunden ab

Für Ihre Freunde gilt das gleiche wie für Ihre Hobbys. Sie rauben Ihnen nur die kostbare Zeit, die Sie mit Ihrem Süßen verbringen könnten.

Lassen Sie es sein. Halten Sie sich für Ihren Prachtkerl bereit. Sollte er seinerseits mit Freunden unterwegs sein, macht das nichts. Nutzen Sie diese Zeit zur Körperpflege, um sich für ihn schön zu machen. Wenn eine Freundin anruft, um von ihrem Liebeskummer zu erzählen, lassen Sie sich nicht

ablenken. Erzählen Sie ihr von Ihrem Traummann. Schwär-
men Sie von Ihrer Liebe, schwelgen Sie in Zukunftsphanta-
sien. Träumen Sie laut von kleinen Kindern, kleinen Hunden
und einem Pferd für den morgendlichen gemeinsamen Aus-
ritt. Sollte Ihre Freundin erneut von ihren Problemen anfangen, seien Sie konsequent und brechen Sie das Gespräch
hier ab. Zum einen sitzen Sie auf Wolke Sieben und wollen
dort auch bleiben, zum anderen könnte Mister Wunderbar
jede Minute anrufen und Sie wollen unter keinen Umständen
die Leitung blockieren. Wenn Sie sich derart konsequent vor
Ihren Freunden schützen, werden Sie bald Ihre Ruhe haben
und können sich ganz der neuen Liebe widmen.

4. Ziehen Sie bei ihm ein

Ungefähr nach zwei Wochen des Zusammenseins sollten Sie
Ihre Wohnung aufgeben. Wozu noch zweifach Miete bezah-
len? Machen Sie Nägel mit Köpfen. Ziehen Sie bei ihm ein.
   Hierbei haben Sie zwei Strategien zur Auswahl:

1. Die Guerilla Taktik
Diese ist anzuwenden, wenn er nicht mit absoluter Euphorie
auf Ihren Vorschlag des sofortigen Zusammenlebens rea-
giert. Lassen Sie sich nicht irritieren. Männer brauchen
manchmal etwas länger, um zu begreifen, was gut für sie ist.
Fahren Sie die Politik der kleinen Schritte. Schleppen Sie erst
Ihre Kosmetik ein. Drappieren Sie Ihre eigene Zahnbürste als
Reviermarkierung in seinem Zahnputzbecher. Der normale
Mann ekelt sich zu Tode, wenn Sie seine geheiligten Borsten
für Ihre Zahnhygiene verwenden, also wird er nichts dagegen
haben. Danach legen Sie mit Ihren Schminkutensilien nach.
Sollte er Bemerkungen machen, verkaufen Sie es ihm posi-
tiv. Er wolle doch schließlich immer eine adrett geschminkte
Freundin an seiner Seite haben und nicht eine, die mal das
Rouge und mal den Kajal vergessen hat. Er wird es

schlucken. Jetzt können Sie nach und nach seine männliche Minimalkosmetik ersetzen. Kaufen Sie Ihr Lieblings-Shampoo, Duschgel etc. und stellen es in sein Bad. Wenn Sie so sein Bad erobert haben, ist eine wichtige Bastion gefallen und Sie können sich dem Rest der Wohnung widmen. Deponieren Sie zunächst Ihre Unterwäsche. Nach zwei Monaten sollten Sie Ihren Haushalt eingeschleppt haben und können anfangen, ein bißchen Druck zu machen. Es dürfte mittlerweile eng geworden sein in seiner Bude, und Sie können das Thema gemeinsame neue Wohnung auf den Tisch bringen.

2. Die Überrumpelungstaktik

Hierbei ziehen Sie mit einem Schlag bei ihm ein. Sie tauchen einfach mit mehreren Koffern und unter Tränen bei ihm auf und erzählen etwas von wegen fristloser Kündigung, einem Schwein von einem Vermieter, Winter, Hunger usw. Wer kann da schon „nein" sagen? Ihre Möbel sollten Sie solange zwischenlagern, bis Sie diese in die gemeinsame Wohnung einbringen können.

5. Seien Sie immer um ihn herum

Egal, ob Sie schon bei ihm eingezogen sind oder nur 90 Prozent Ihrer Zeit bei ihm verbringen, sollten Sie immer um ihn sein. Zeigen Sie ihm Ihre Liebe. Lassen Sie ihn nicht aus den Augen und lenken Sie permanent seine Aufmerksamkeit auf sich. Sollte er lesen, fallen Sie ihm immer wieder um den Hals. Zeigen Sie ihm, daß Sie da sind. Lassen Sie sich nicht irritieren, wenn er sagt, er wolle mal für ein paar Minuten seine Ruhe haben. Er meint das nicht so. Bleiben Sie dran.

Sollte er sich mit einem Freund verabredet haben, gehen Sie mit. Klinken Sie sich in sein Leben ein. Zeigen Sie, daß Sie die Frau an seiner Seite sind. Begleiten Sie ihn zum Sport und besuchen Sie ihn in der Mittagspause im Büro. Geben Sie ihm keine Chance, überhaupt an andere Frauen zu denken.

6. Passen Sie sich seinen Wünschen an

Es spielt keine Rolle, ob Sie Plattfüße haben oder dicke Fesseln. Ihr Süßer hat einmal erwähnt, daß er hochhackige Schuhe sexy findet. Kaufen Sie sich welche und üben Sie gehen. Behalten Sie diese auch schon mal im Bett an, Männer finden so etwas toll.

Sie spielen Geige und lieben Brahms, aber seine heimliche Liebe ist Death Metal. Keine Sorge, begleiten Sie ihn in jedem Fall auf jedes Konzert. Nach einer Weile haben Sie durch die Lautstärke ohnehin einen Gehörverlust von 80% und merken den Unterschied kaum noch.

Er ist jedes Wochenende auf dem Fußballplatz. Entweder spielt er selbst oder guckt anderen zu. Gehen Sie mit. So kommen Sie auch mal an die frische Luft. Jubeln Sie ihm zu und trösten ihn, wenn er einen Ball verschossen hat. Achten Sie darauf, daß seine Mannschaft auch hinschaut. Wenn nicht, rennen Sie aufs Spielfeld. Die Jungs sollen schließlich sehen, was er für ein Glück hat mit Ihnen.

Zusatztips:
Nehmen Sie Kontakt zu seiner Mutter auf. Finden Sie über die Auskunft die Rufnummer seiner Mutter heraus. Rufen Sie diese unbedingt bald an und stellen sich vor. Ziehen Sie seine Mutter ins Vertrauen. Erzählen Sie ihr kleine Details und fragen Sie sie über ihren Sohn aus. Sollten Sie die ersten Probleme mit ihm bekommen, holen Sie seine Mutter ins Boot. Sie solle Ihrem Sohn die Leviten lesen. Er wird begeistert sein über den engen Kontakt der beiden wichtigsten Frauen in seinem Leben.

Zum Umgang mit seinen Freunden:
Sollte er weiterhin an seinem Freundeskreis festhalten, haben Sie folgende Möglichkeiten:

1. Dauerpräsenz

Begleiten Sie ihn grundsätzlich. Lassen Sie sich nicht irritieren, wenn er seine Freunde alleine treffen möchte. Es ist ihm vielleicht einfach nur peinlich. Kommen Sie trotzdem mit oder kommen Sie später nach. Sollte er ganz hartnäckig sein, holen Sie ihn zumindest ab. So lernen Sie seine Freunde kennen und gehören irgendwann automatisch mit dazu.

2. Miesmachen

Sie mögen seine Freunde nicht? Dann machen Sie daraus kein Geheimnis. Ziehen Sie über sie her. Nehmen Sie kein Blatt vor den Mund. Stellen Sie Ihren Süßen vor die Wahl: die oder ich. Sollte er sich für „die" entschieden haben, belassen Sie es bei Punkt eins und versuchen Sie, die Kerle zu mögen.

3. Verkuppeln

Er hat einen lästigen Busenfreund?

Schwieriges Thema. Da müssen Sie schon hartnäckig sein, um den loszuwerden. Einige kleine Tricks können Ihnen vielleicht weiterhelfen:

– Löschen Sie die Anrufe des Freundes vom Anrufbeantworter.

– Richten Sie eventuelle Nachrichten wie „Kommst du Samstag mit auf die Piste?" oder „Sonntag ist dieser umwerfende Boxkampf, kommst du mit?" niemals aus.

– Sollte der Freund persönlich aufkreuzen, zeigen Sie Dauerpräsenz und stellen Sie unangenehme Fragen: „Woran liegt das wohl, daß du keine abkriegst?" „Dir mußte deine Mutter bestimmt ab und zu ein Würstchen umhängen, damit wenigstens der Hund mit dir spielte, oder?" Er soll sich gar nicht erst einbilden, daß er in Ihrem Nest willkommen ist. Bei Treffen außer Haus gilt Punkt 1.

Läßt der „beste Freund" sich nicht abwimmeln, versuchen Sie, den Kerl zu verkuppeln. Laden Sie Kolleginnen ein oder setzen Sie gedungene Singles auf ihn an. Irgendwann wird es schon klappen.

Da auch Männer gefährdet sind, sich zu sehr in Richtung Nord- oder Südpolposition zu bewegen, nachfolgend noch einige Tips von Dr. para. Dox speziell für ihn:

Männersache:
Dr. para. Dox rät:

1. Bloß keine Kompromisse

Sagt doch schließlich schon die Werbung, oder? Sie sind ein Mann der Tat und kein Mann der Kompromisse.

Erst kommt die Harley, dann der Hund und dann kommt Heike. Moment, dazwischen war noch Ihre Lieblingsserie im Fernsehen „Hunter".

Sie haben beschlossen, am Wochenende zu biken und dann kommt Heike und erzählt etwas von wegen Essen gehen. Nichts da. Sie biken, wie jedes Wochenende. Heike kann inzwischen auf den Hund aufpassen.

Sie wollen in Urlaub fahren und zwar mit der Harley in die Alpen, aber Heike hat Höhenangst und außerdem keinen Motorrad-Führerschein. Egal. Sie fahren mit der Harley in die Alpen. Heike kann ja auf den Hund aufpassen.

Sie kommen nach Hause, und Heike hat etwas gekocht, lassen Sie sich nicht unter Druck setzen. Erst gucken Sie „Hunter" und essen dazu eine Tüte Chips, und dann gehen Sie mit dem Hund Gassi. Heike kann das Essen ja warm stellen oder alleine essen.

Wenn das jährliche Bikertreffen ausgerechnet auf Heikes Geburtstag fällt? Da müssen Sie noch überlegen? Nein, ab aufs Bikertreffen und sich mit den Kumpels richtig die Kante geben. Danach zwei Tage Katerpflege. Heike hat doch den

Hund. Außerdem hatten Sie sowieso kein Geschenk, paßte insofern ganz gut.

2. Nehmen Sie kein Blatt vor den Mund

Sie sind auf eine Party eingeladen und Heike ist fast eine Stunde im Bad. Wenn sie herauskommt, sollten Sie Ihrem Ärger über das lange Warten in jedem Fall Luft machen.

„Möchte mal wissen, warum das so lange gedauert hat, du siehst genauso verknittert aus wie immer." Vielleicht haben Sie auch noch eine Bemerkung für ihr Outfit übrig. „Gehen wir zum Fasching, oder was?" oder „Hatte die Kelly-Family ihren Flohmarkttag?"

Heike hat drei Stunden in der Küche gestanden und etwas zu Essen „gezaubert". Das können Sie ja nun gar nicht verstehen. Sagen Sie es ihr. Sagen Sie so etwas wie: „Und dafür hast du drei Stunden am Herd gestanden?" Danach rufen Sie den Hund und lassen ihn erst einmal vorkosten.

3. Stehen Sie zu Ihren Hobbys

Seit Ihrer frühesten Jugend gehen Sie jeden Samstagabend zum Damen-Schlammcatchen. Daran sollten Sie was ändern, nur weil Sie eine Frau kennengelernt haben? Nichts da. Die Kumpel gehen immer vor, und Schlammcatchen ist Ihnen das höchste Vergnügen. Sie sollten Heike auch nicht mitnehmen. Frauen haben im allgemeinen wenig Verständnis für diese Art von Unterhaltung.

Auch wenn Sie seit Jahren am liebsten mit Ihrer Modelleisenbahn spielen, bleiben Sie dabei. Es spielt auch keine Rolle, daß Sie mittlerweile das gesamte Wohnzimmer zugebaut haben und inzwischen anfangen mußten, die Schienen auch auf dem Flur zu verlegen. Der Hund hat sich daran gewöhnt, Heike wird es auch tun.

Wenn Sie gewohnt sind, vor dem Einschlafen sieben Bier

zu trinken und dann bei laufendem Fernseher hintenüber zu kippen: weiter so! Sie können Heike ja dahingehend integrieren, daß sie Ihnen das Bier holt oder den Fernseher ausschaltet.

4. Der Hund ist und bleibt Ihr bester Freund

Sie müssen sich ganz klar darüber sein, daß eine Frau niemals einen Hund ersetzen kann.

Ihr Rexy, Hasso, Schluffi, Bongo oder wie auch immer er heißt, ist und bleibt Ihr bester Kumpel. Machen Sie das Heike von vornherein klar. Rexy, Hasso, Schluffi, Bongo oder wie auch immer er heißt, wird weiterhin neben Ihnen auf der Fernsehcouch sitzen und weiterhin neben Ihnen im Bett schlafen. Wenn Sie gut drauf sind, können Sie Heike ja anbieten, auf der anderen Seite Platz zu nehmen. Aber nicht zu viele Kompromisse machen. Frauen neigen dazu, das auszunutzen.

5. Stehen Sie zu Ihren Kumpels

Ihre Kumpels sind am wichtigsten. Frauen kommen und gehen, die Kumpels bleiben. Samstagabend war Kumpeltag? Dann bleibt das auch so. Heike können Sie an anderen Tagen unterbringen.

Ihr Kumpel Fred hat seinen Job und seine Wohnung verloren? Selbstverständlich zieht Fred bei Ihnen ein. Und natürlich darf er seine Rennmauszucht ebenso mitbringen wie seine Katze Lucy. Daß Ihr Rexy, Hasso, Schluffi, Bongo oder wie auch immer er heißt, Lucy anfangs durch die ganze Wohnung jagen wird, ist klar. Aber sie haben ja Heike, die kann auf die Tiere aufpassen, während Sie mit Fred Eisenbahn spielen oder mit den Kumpels Kampftrinken veranstalten.

6. Ihre Mutter ist die wichtigste Frau in Ihrem Leben

Daran sollten Sie keinen Zweifel lassen. Wenn Ihre Mutter bislang jeden Dienstag bei Ihnen aufgeräumt hat, sollte das auch so bleiben. Heike kann ihre Aktivitäten ja auf Bad und Klo beschränken. Die Putzhoheit bleibt bei der Mama. Auch sollten Sie Heike immer wieder darauf hinweisen, daß Ihre Mama die beste Köchin überhaupt ist und daß es bei Heike irgendwie immer noch anders schmeckt. Sagen Sie das ruhig öfter, das spornt an. Sollte Ihre Mutter den Wunsch äußern, nicht mehr alleine wohnen zu wollen, lassen Sie sie bei sich einziehen. Überzeugen Sie Fred, daß er in der Küche schlafen muß, räumen Sie das Schlafzimmer für ihre Mutter und ziehen Sie selbst auf die Wohnzimmer-Couch. Fairerweise sollten Sie für Heike eine Luftmatratze organisieren. Damit ist sie dann auch flexibel genug und kann sich aussuchen, ob Sie lieber neben dem Hund oder dem Rennmauskäfig schlafen möchte.

Nach so vielen Tips von Dr. para. Dox lassen Sie uns die Nord-Südpol-Problematik doch wieder ernsthafter betrachten:

Es ist für eine Partnerschaft notwendig, Kompromisse einzugehen. Es kann auch hilfreich sein, sich von einigen alten Gewohnheiten zu verabschieden. Auch ist es positiv, dem Partner durch kleine Gesten zu zeigen, daß man an ihn denkt. Holen Sie ihm ruhig ab und zu ein Bier von der Nachttankstelle oder stauben seine Pokale ab. Das gehört in die Kategorie kleiner Liebesdienste. Aber seien Sie wachsam, wie weit Sie gehen wollen. **Setzen Sie gegebenenfalls Grenzen und bleiben Sie sich selber treu. Denn: Nur wer sich selbst treu ist, kann dem andern treu sein.**

Das König Drosselbart-Syndrom oder die fatale Suche nach Mister Perfect

Die Erwartungen, die an eine Partnerschaft gestellt werden, sind oft immens.

Ebenso groß ist oft die Enttäuschung, wenn Mister oder Miss Perfect vom Sockel steigen und das Idealbild plötzlich gar nicht mehr zu stimmen scheint. Was nun? Auf zur fröhlichen Pirsch oder wollen Sie riskieren, sich dennoch auf den Partner einzulassen und mit seinen Schwächen leben zu lernen?

Pirsch, sagen Sie und holen Ihr Waldhorn und das kleine Schwarze aus dem Schrank. Okay, viel Erfolg! Aber bevor Sie sich auf die Jagd nach einem neuen Traummann begeben, schenken Sie sich ein Glas Prosecco ein und lesen noch ein paar Zeilen. Die heterosexuellen männlichen Leser brauchen lediglich Traummann durch Traumfrau zu ersetzen. Bleiben Sie am Ball.

Supermann trifft 007

Ihr Mister Perfect, wie soll er aussehen? Wie wäre es mit folgender Beschreibung:

Groß soll er sein, schön soll er sein und möglichst noch reich. Selbstbewußt wäre auch nicht schlecht, aber nicht arrogant, außer er hat sehr viel Geld oder einen Adelstitel, dann darf er auch arrogant sein. Optisch eine Mischung aus dem schönen Richard Gere und dem schneidigen Clint Eastwood, aus dem romantischen Ethan Hawke und dem charmanten Robert Redford, dem schnoddrigen Kiefer Sutherland und dem freundlichen Bill Pullman, aus dem jungenhaften Leonardo DiCaprio und dem männlichen Bruce Willis. Dazu noch ein Hauch von Gentleman à la James Bond Pierce Brosnan und wenn's geht ein bißchen was Kuscheliges wie Jürgen von der Lippe.

Sie liegen goldrichtig. So in etwa ist das heutige Bild des Idealmanns.

Die amerikanischen Zeitschrift „Psychology Today" hat vor einigen Jahren eine Umfrage gestartet und stellte überrascht fest, daß der Idealmann von Frauen und Männern gleichermaßen eingeschätzt wurde: „Er hat nett, aber nicht schwach zu sein; zugänglich und aufgeschlossen, aber nicht weich; souverän, aber kein Macho; sensibel, aber nicht einfältig, und flott, aber nicht oberflächlich." [38]

Sie nicken mit leuchtenden Augen und sagen: Genau, genau, genau! – So soll er sein.

Seien Sie doch mal ehrlich, welcher Mann vereint schon all diese Qualitäten? Und gesetzt den Fall, Sie finden diesen Übermann und schaffen es auch noch, ihn vom weißen Pferd in Ihre Arme zu zerren, würden Sie einen perfekten Partner überhaupt aushalten? Setzt Sie so ein Adonis nicht unter Dauerstreß? Das hängt sehr von Ihrem Selbstbewußtsein ab, aber überprüfen Sie selbst.

Mein Leben mit dem perfekten Mann

Kleine Vorstellungsübung

Sie sollten die Übung zunächst lesen und sie danach mal ausprobieren. Wenn Sie gleich mitmachen, ist es ungünstig, weil Sie als erstes die Augen schließen sollen. Mit geschlossenen Augen liest es sich so schlecht.

Schließen Sie also die Augen und entspannen Sie sich. Stellen Sie sich etwas Schönes vor. Einen weißen Sandstrand mit Palmen, eine blühende Sommerwiese, einen riesigen Eisbecher in einem herrlich gelegenen Eiscafé. Lassen Sie Wellen rauschen, Vögel zwitschern oder versuchen Sie, die Wärme der Sonne auf Ihrer Haut zu spüren, während Sie sich einen Löffel dieses unglaublich cremigen, zart schmelzenden Eises einverleiben.

Jetzt versuchen Sie Ihren Traummann ins Bild zu „beamen". Schlendern Sie mit ihm am Strand entlang, toben Sie durch die Sommerwiese oder setzen Sie ihn an Ihren Tisch im Eiscafé.

Versuchen Sie diese Szenerie weiterzuspinnen. Gehen Sie mit ihm vom Strand ins Hotel, machen Sie sich einen romantischen Nachmittag und durchleben Sie eine aufregende Nacht. Mit der Sommerwiese können Sie es ähnlich handhaben. Machen sie ein romantisches Picknick, trinken Sie Champagner auf der Wolldecke und übernachten dann auf seiner Jacht. Nach dem ausgiebigen Eisschlemmen könnten Sie im Hotel oder ebenfalls auf seiner Jacht übernachten.

So, nun wird es spannend! Stellen Sie sich vor, wie Sie neben ihm aufwachen. Er liegt da, hingegossen. Sein durchtrainierter Waschbrettbauch schimmert in der Morgensonne, sein flotter Kurzhaarschnitt aufregend wie immer und Sie neben ihm. Zerzaust, verschlafen, vielleicht verkatert vom vielen Champagner, mit einem kleinen Kugelbauch vom vielen Eis, die Schminke verwischt.

Haben Sie entsetzt die Augen aufgerissen, hektische Flecken im Gesicht und ein nervöses Grummeln im Magen? Stellen Sie sich womöglich vor, wie sie heimlich aus dem Bett springen und sich anmalen, bevor er aufwacht, damit er Sie überhaupt wiedererkennt?

Vergessen Sie es! Seien Sie ehrlich, wollen Sie diesen Streß? Mister Perfect im Bett und Sie daneben mit Ihren kleinen Makeln?

Damit haben Sie gar kein Problem, sagen Sie. Sie finden sich in jeder Lebenslage toll und stehen zu Ihrer Rubensfigur. Gratuliere, so sollte es sein! Sie könnten mit Ihrem natürlichen Selbstbewußtsein jeden Adonis betören. Beneidenswert! Nur leider haben die meisten nicht so eine gesunde Portion davon abbekommen.

Ja, und dann ist da natürlich auch die Frage nach seinem Treuepotential. Dieser Held wird doch von vielen Frauen vergöttert. Wollen Sie allen Ernstes glauben, daß er Ihnen bis in alle Ewigkeit treu sein wird? Okay, geben Sie ihm dieses Buch zu lesen und Sie haben den Hauch von einer Chance.

Traumfrau gesucht

Bevor wir uns daran machen, Ihren Phantasieadonis vom Sockel zu stoßen, noch ein Blick auf die Traumfrau aus männlicher Sicht.

In Singleshows ist die Standardantwort „Cindy Crawford wär schon nicht schlecht". Auch Kate Moss wird gelegentlich genannt. Je nach Gusto und Oberweitenpräferenz. In jedem Fall eines der Supermodels. Bescheidenere Männer beschränken sich auf die Angabe der erwünschten Haarfarbe und Konfektionsgröße oder schließen aus „Ich mag keine Blondinen". Okay, das kann man akzeptieren, vielleicht war die Mama blond, und er kämpft noch mit der Überwindung seines Ödipuskomplexes.[39]

Es mag Sie ein bißchen beruhigen, daß zwar 97 Prozent der deutschen Männer auf Cindy Crawford stehen, als Partnerin für sich jedoch eine Durchschnittsfrau bevorzugen. Die bevorzugten Werte, die sie verkörpern soll, sind an erster Stelle Treue (89 Prozent), Zuverlässigkeit (85) und Zärtlichkeit (79).[40] Das läßt doch hoffen. Es bleibt nur die Frage, was sich Männer unter „Durchschnitt" vorstellen.

„. . . grüne Augen, dunkle Haare. Ich wünsche mir eine Frau, die Haut hat, so zart wie Seide, Augen so funkelnd wie Sterne und so tief, daß ich darin ertrinken kann, einem Verstand so klar und scharf wie Glas und doch so emotional wie ein Vulkan und so sinnlich wie eine Lotosblüte. Die die Eleganz und den Stolz eines Wintertages hat und den Charme und den Anmut eines anbrechenden Morgens, die Verspieltheit einer Herbstbrise und die Schönheit eines

Sonnenuntergangs. Wo ist diese Frau, von der ich mir nichts wünsche, als daß sie mir meinen Glauben an die Liebe wiedergibt. (Bitte mit Bild). Chiffre."[41]

Unser Poet hat ziemlich klare Vorstellungen von seiner Idealeva und die Beste ist gerade gut genug. Vermutlich wird er noch eine ganze Weile suchen müssen. Wird er sie jemals finden?

Wer suchet der findet, oder etwa nicht?

Also seien wir mal realistisch. Es ist doch für Männer und Frauen geradezu unmöglich, diesen übersteigerten Erwartungen gerecht zu werden. Wollen Sie verbissen pirschen, bis Sie zumindest eine 90prozentige Fassung des Traummannes gefunden haben? Entsprechen Sie selbst dem Ideal, das Sie vom Partner erwarten? Und selbst wenn, wollen Sie sich dem Dauerstreß des Perfekt-sein-Müssens aussetzen?

Wie lange wollen Sie suchen? Irgendwann wird die Luft dünner und Ihre Haare grauer!

Das Märchen von König Drosselbart

Das alte Grimmsche Märchen von König Drosselbart macht einiges klar. Wir möchten es Ihnen hier nacherzählen.

Es war einmal ein König, der hatte eine Tochter, die sah sehr gut aus. Eine wahre Schönheit, eine Mischung aus Cindy Crawford und Linda Evangelista, aus Sandra Bullock und . . . kurz, sie sah klasse aus. Der König war der Meinung, daß sie langsam heiraten sollte und gab ein großes Fest, zu dem er alle heiratslustigen Männer einlud. Nach ihrem Eintreffen wurden sie alle nach ihrem Stand geordnet und in eine Art Rangesriege gestellt. Zuerst die Könige, dann die Herzöge und danach Fürsten, Grafen, Freiherrn und zuletzt die Edelleute. Die Königstochter durfte dieses Männerspalier abschreiten, hatte aber an jedem etwas zu meckern. Der eine war ihr zu dick, der andere zu lang und der nächste zu kurz. Besonders aber machte sie sich über einen guten König lustig, der ganz oben stand und dem das Kinn ein wenig krumm gewachsen war. „Ei", rief sie und lachte, „der hat ja ein Kinn wie die Drossel einen Schnabel. Seit der Zeit bekam der König den Namen Drosselbart."[42] Der alte König wurde langsam ärgerlich. Er trieb mächtigen Aufwand, aber seine Tochter hielt die Männer nur zum Narren. Er schwor, daß sie den nächstbesten Bettler zu heiraten habe, der vor seine Tür käme. Der erste, der kam und um Geld schnorrte, war ein Spielmann. Der König bat ihn nach oben, holte den Pfarrer und verheiratete seine Tochter mit dem fahrenden Sänger. Danach warf er sie aus dem Schloß. Zu Fuß zogen sie und ihr frisch gebackener Ehemann los.

Als sie an einen Wald kamen, fragte sie den Gatten: „Wem gehört der Wald?" Die Antwort war „König Drosselbart". Daraufhin fing sie an zu lamentieren „Ich arme Jungfer zart, ach hätt' ich genommen König Drosselbart!" Das gleiche Spiel wiederholte sich an einer Wiese und einer Stadt. Beides gehörte Drosselbart und beide Male jammerte die Königstochter. Da platzte ihrem Gatten der Kragen: „Es gefällt mir nicht, daß du dir immer einen andern Mann wünschst. Bin ich dir vielleicht nicht gut genug?" Die Geschichte geht im Zeitraffer weiter wie folgt: Sie mußte in seine gammelige Hütte ziehen. Da sie als Königstochter keine Ahnung von Hausarbeiten hatte, mußte sie alles neu lernen. Sie stellte sich nicht sonderlich geschickt an. Spinnen klappte ebenso wenig wie Flechten. Mit dem Verkauf von Geschirr hatte sie relativ viel Erfolg, weil die Leute allein wegen ihrer Schönheit bei ihr kauften. Doch ein Betrunkener zerdepperte ihre Ware. Danach mußte sie als Küchenmagd ins örtliche Schloß. Mit Hilfe eingenähter Töpfchen schmuggelte sie Essensreste aus dem Schloß, von denen ihr Mann und sie lebten. Eines Tages stieg eine große Feier bei Hofe. Der Königssohn sollte verheiratet werden. Unsere Königstochter stand an der Tür und durfte sich die

Zeremonie mit ansehen. Plötzlich kam der Königssohn auf sie zu und forderte sie zum Tanzen auf. Dabei wurde die gesammelte Nahrung aus ihren eingenähten Töpfen auf die Tanzfläche geschleudert. Alle lachten sie aus, und es war ihr furchtbar peinlich. Doch wie es im Märchen so geht, endet das Ganze mit einem Happy End:

Der gekränkte Drosselbart hatte sich als Spielmann verkleidet, hatte dann den Betrunkenen gemimt und schließlich auch noch in einer weiteren Rolle den Königssohn gespielt. Bettlergatte und König waren also ein und der selbe. Die Königstochter durfte offiziell Königin werden und wieder im gewohnten Saus und Braus auf dem Schloß leben.

„Dies alles ist geschehen, um deinen stolzen Sinn zu beugen und dich für deinen Hochmut zu strafen, mit dem du mich verspottet hast."

Über die Moral von der Geschichte kann man sich streiten. Muß ein zynisches Weib erst gezähmt werden? Was wäre gewesen, wenn man es nicht mit einem so findigen Schauspieler zu tun gehabt hätte? Vom Vater in die Armut und Sklaverei verkauft. Aber lassen wir das.

Worum es geht, ist folgendes:

An jedem Mann hatte die „arme Jungfer zart" etwas auszusetzen. Keiner war ihr gut genug, keiner entsprach ihrem Idealbild. Womit wir wieder beim Thema wären.

Sind auch Sie immer noch auf der Suche nach „Mister Perfect"? Sind schon ganze Scharen von krummbeinigen Rittern mit wehenden Fahnen neben Ihnen in den Staub gesunken? Nein, Sie haben Ihren Prinzen schon gefunden, keine Macken, nichts zu meckern? Gratuliere, überspringen Sie dieses Kapitel. Wenn Sie allerdings noch auf der Suche sind oder Ihr scheinbarer Prinz gerade dabei ist, vor Ihrem geistigen Auge wieder zum Frosch zu mutieren, dann lesen Sie weiter.

Die fatale Suche nach Mister Perfect

Vielleicht geht es Ihnen gar nicht so schlecht wie der Prinzessin aus dem Märchen. Verliebt haben Sie sich schon öfters. Daran hapert es gar nicht. Es ist auch kein spezieller Typus Mann, der es Ihnen angetan hat. Und an ausladenden Kinnpartien stoßen Sie sich nun schon gar nicht. Her mit Michael Douglas, sagen Sie. Wo es bei Ihnen schwierig wird, ist das „Danach". Sie würden schon gerne treu sein und sind auch unglaublich tolerant, aber Sie geraten immer an den Falschen. Sie haben einen Partner, aber der ist leider meilenweit entfernt von Ihrem Traummann. Bierbauch statt Waschbrettbauch. Doch darum geht es eigentlich gar nicht. Es geht um Werte. Um das, worauf Ihre Partnerschaft gebaut ist. Nun denken Sie doch nicht gleich an Sand. Etwas mehr Optimismus, bitte! Aber der Reihe nach. Wir wollen Ihnen im folgenden vier verschiedene Beziehungstypen vorstellen. Vielleicht erkennen Sie sich bei dem einen oder anderen Typus wieder.

1. Queen Drosselbart – Die Kritikerin der ersten Stunde

Verlieben? Schon lange nicht mehr. In wen denn? Sie treffen immer nur Pappnasen. Uwe ist zwar nett und großzügig, aber dieses Aftershave. Oder Holger, lieber Kerl, kann fantastisch zuhören, aber diese feuchten Küsse. Stefan hat Schuppen, Fred fährt dieses unmögliche Auto und Thomas? Guter Tröster und ziemlich witzig, aber irgendwie ist mit Thomas kein Staat zu machen. Der hat einfach keine Ahnung von Musik. Der hält Bon Jovi für einen Aperitif und Eros Ramazotti für einen Magenbitter.

Wen Sie auch treffen, irgendwo hakt es immer. Ihren Traummann haben Sie noch nicht gefunden. Aber das wird schon noch, oder?

2. Madame Demontage – Die Kritikerin der zweiten Stunde

Sie lernen einen Mann kennen, und es funkt. Sie sind schwer verliebt, aber dann passiert es. Nach ein paar Wochen kommt der Einbruch. Die herrlichen blauen Augen, in deren Tiefen Sie noch vor ein paar Wochen versinken wollten, erinnern Sie plötzlich eher an den toten Blick der Forelle, die vor Ihnen auf dem Teller liegt. Sein modischer kurzer Vollbart, den Sie so hip fanden, kratzt nicht nur an Ihren zarten Wangen, sondern erinnert Sie an Ihren fiesen Mathematiklehrer.

Und wenn er wie ein Berserker mit einem Plastiklöffel auf das Frühstücksei einknüppelt, anstatt es elegant mit einem Messer zu köpfen, stellen sich Ihre Nackenhaare auf. Nicht vor Lust, sondern vor Ekel.

Die Perspektive ist Ihnen verrutscht. All das, was Sie vor wenigen Wochen noch begeisterte, womit Sie Ihre Freundinnen fast schon gequält haben, erscheint Ihnen nun eher schal, geschmacklos, unattraktiv.

Sie entlieben sich genauso schnell, wie sie sich verlieben. Und den Richtigen, der Ihrem zweiten Blick standhält, haben Sie einfach noch nicht gefunden.

3. Miss Dornröschen – Die ausharrende Träumerin

Sie haben schon einen Partner. Wie Sie an den geraten sind, wissen Sie gar nicht mehr. Vermutlich haben Sie irgendwann vergessen „nein" zu sagen. Er sieht ganz okay aus, Sie erschrecken nicht, wenn Sie ihn sehen, aber im Vergleich zu Leonardo DiCaprio . . . Und überhaupt, im Badezimmer läßt er generell die Toilettenbrille oben und die Zahnpastatube unverschlossen. Und wenn er bei offener Badezimmertür mit seiner Zahnseide operiert, um nebenbei fernzusehen, an diesen grauenvollen Anblick können Sie sich einfach nicht gewöhnen.

Sie träumen heimlich nachts von Ihrem Ritter, der Sie wach küßt und entführt. Mit dem werden Sie in wilder Leidenschaft immer glücklich sein. Aber bis der kommt, trösten Sie sich mit Ihrem Freund. Irgendwie ist er ja besser als gar keiner.

4. Lady Glamour – Die Frau mit dem falschen Faible

Sie wissen auch nicht wieso, aber Sie geraten immer an die Falschen. Da war Jonas mit seinem Porsche, und nach drei Wochen hat er ein Fax geschickt, daß alles vorbei sei. Oder Stan. Er war Schlagzeuger in einer Band, und Sie waren total begeistert. Aber nach ein paar Wochen trafen Sie ihn mit einer anderen. Das gleiche ist Ihnen mit diesem Schauspieler passiert und mit dem Typ aus der Werbebranche. Alles dieselben Typen: Einsamer Wolf mit oder ohne Hang zum Whiskey. Davor hatten Sie eine Affäre mit einem verheirateten Mann. Das hat schwer an Ihnen gezehrt, aber er war nun einmal so erfolgreich und kannte unheimlich viele interessante Leute. Leider hat er sie zu den Parties nie mitgenommen, weil seine Frau dabei war oder es hätte erfahren können.

Aber irgendwann wird er kommen, der Mann, der cool ist und erfolgreich und der nur Sie lieben wird. Ihr Mister Perfect, Ihr Ritter ohne Fehl und Tadel.

Haben Sie sich in einem der vier Typen wiedererkannt? Haben auch Sie Probleme, mit den Macken eines Mannes klarzukommen? Lassen Sie sich von Äußerlichkeiten blenden oder haben Sie so genaue Vorstellungen vom Partner, daß bislang keiner den Ansprüchen genügte?

Männersache:
1. Kuno von Kritisch – Der Superkritische mit dem Kennerblick

Sie kennen die Frauen. Sie wissen genau, was Ihnen gefällt. Nach dem Motto, Sie haben einen ganz einfachen Geschmack, die Beste ist gerade gut genug für Sie. Aber irgendwo fehlt es immer. Sie düsen mit Ihrem Porsche durch die städtischen Jagdgründe und gabeln auch die eine oder andere auf, aber Miss Perfect – Fehlanzeige. Moni brachte Sie richtig zum Lachen, hatte aber diesen komischen übergroßen kleinen Zeh. Renate war eine Rakete im Bett, aber mit diesem merkwürdigen Fleck am Ohrläppchen. Susanne trug nie die passenden Schuhe zum Gürtel, und Ulrike haben Sie nach ihrer entsetzlichen Dauerwelle nicht mehr angerufen. Uschi sagte immer „Schianti" statt „Kianti" und bestellte ein Glas „Proschicko" statt „Prosecco", war das peinlich. Und mit Anuschka wird es auch schon langsam langweilig, die hat einfach keine Ahnung davon, was „in" ist und was nicht. Für die Triebabfuhr ist zumindest gesorgt, und mit der Traumfrau wird das irgendwann dann auch noch klappen. Schließlich fahren Sie Porsche.

2. Henry Hammer – Der Mann mit dem mörtelmordenden zweiten Blick

Im Gegensatz zu Nummer Eins, dem Sucher ohne Emotionen, sind Sie schnell entflammt. Sie verlieben sich alle paar Wochen aufs neue. Es gibt aber auch viele tolle Frauen. Leider findet der gemeinsame Höhenflug immer ein schnelles Ende. Irgendwann entlarvt sich die Frau. Sie können nicht anders, aber Ihr mörtelmordender Blick durchdringt die Fassade und der Putz bröckelt. Nichts Perfektes, überall Macken. Die eine zum Beispiel entpuppte sich nach zwei Wochen als Fan von diesem Schmalzbolzen Phil Collins und fing jedesmal an zu quengeln, wenn Sie „richtige" Musik auflegten. Und die attraktive Ingenieurin spielte zwar Tennis wie ein As, hörte die richtige Musik und hat Ihnen sogar den Wagen repariert, aber die stundenlangen Telefonate mit ihrer Mutter, die haben Sie tierisch genervt. So eine unselbständige Tussi! Bevor Sie jedes Wochenende mit deren Mutter verbringen müssen, haben Sie besser die nächste Ausfahrt in Richtung Freiheit genommen. Sie waren zwar wieder alleine, aber dem Schlimmsten gerade noch entronnen.

3. Karl-Heinz Kermit – Der Mann mit dem inneren Abstand

Sie haben eine Freundin, aber die ist alles andere als perfekt. Zuviel Speck an den Hüften und zu wenig Fettgewebe an den richtigen Stellen. Sie ist furchtbar verliebt in sie und umsorgt sie zärtlich. Irgendwie erinnert sie Sie an Miss Piggy aus der Muppetshow. Es ist auch alles ganz nett, aber so hundertprozentig finden Sie sie nicht. Zugegeben, Sie sind auch nicht der perfekte Adonis, haben eine Hühnerbrust und nur einen klapprigen Opel zu bieten, aber im Grunde Ihres Herzens glauben Sie, daß es ein Leben nach Miss Piggy geben wird. Sie trauen sich nur nicht, es ihr zu sagen. Trennen wollen Sie sich jetzt auch nicht, noch haben Sie keinen Ersatz und bis dahin werden Sie immerhin gut bekocht und um den lästigen Haushalt müssen Sie sich auch nicht kümmern. Aber wenn die Richtige Ihnen über den Weg läuft, dann werden Sie Miss Piggy leider auf den Mond schießen müssen. „Schweine im Weltall" war immer schon Ihre Lieblingspassage aus der Muppetshow.

4. Peter P. Poser – Ein schuldloses Opfer der Frauen

Langsam fangen Sie an, an sich zu zweifeln. Debbie, die Stripperin aus der „Roten Harfe" hat Sie auch schon wieder sitzenlassen. Davor wurden Sie von der kleinen Schauspielerin verlassen, die Sie im Urlaub auf Ibiza kennengelernt hatten, und davor war es Gabi, die wilde Hummel aus Ihrer Stammkneipe. Irgendwie geraten Sie immer an die falschen Frauen. Sie wollen nichts als ein Nest bauen, nur die Frauen wollen immer ihre Freiheit. Und die trutschigen Tanten interessieren Sie nun mal nicht. Es sollen schon richtig flotte Bienen sein, Frauen zum Vorzeigen, die aber auch kochen können und Ihnen Nachkommen schenken. Gerade haben Sie auf einer wilden Fete ein Gogo-Girl kennengelernt, die von einer Karriere als Sängerin träumt. Vielleicht wird das mit der ja mal was Ernstes.

Die Beispiele zeigen, daß die Meßlatte, mit der die Tauglichkeit der Partner gemessen wird, unglaublich hoch hängt. Die Erwartungen sind enorm und wenn sie nicht hundertprozentig erfüllt werden, ist die Enttäuschung groß. Was die Welt einem sonst vorenthält, vom Partner will man es haben. Aber wie sieht es mit dem restlichen Bekanntenkreis und speziell mit Ihren Freundinnen aus? Wenn Sie mit denen genauso kritisch und anspruchsvoll umgingen, hätten Sie vermutlich bald keine mehr, oder?

Die beste Freundin oder
Klatsch, Tratsch und Toleranz

Denken Sie doch mal an Ihre Freundinnen. Manchmal gehen Sie Ihnen schon auf die Nerven und manchmal haben Sie große Lust, über sie zu lästern. Aber im großen und ganzen verzeihen Sie ihnen fast alles.

Die eine liebt diesen grauenvollen Hard Rock, aber dennoch verstehen sie sich prächtig mit ihr, weil sie so humorvoll ist. Nur zu den Konzerten gehen Sie nie mehr mit, seit Sie einmal zu weit vorne standen und einen Hörsturz hatten. Ihrer Freundschaft tat es keinen Abbruch. Ihre Freundin konnte ja nichts dafür, daß sie trotz ihrer Warnung keine Ohropax dabei hatten.

Die andere erzählt vielleicht ein bißchen viel und dies meist auch noch laut. Letztens hat sie das ganze Lokal unterhalten mit Details aus ihrer Liebesnacht mit einem Fußfetischisten. Dennoch würden Sie sie niemals aufgeben, weil Sie sich, wenn Sie mal eine Redepause macht, von ihr verstanden fühlen und sie jemand ist, die niemals über Sie richten würde, sondern bedingungslos zu Ihnen steht.

Die dritte hat einfach keinen Geschmack. Sie ist meistens etwas zu grell und liebt diese kitschigen Farben. Als sie letztens mit grünen Gesundheitstretern und einem pinkfarbigen Zottelplüsch ins Reitercafé stolzierte, war es Ihnen schon ein bißchen peinlich. Nichtsdestotrotz halten

Sie ihr die Freundschaft, weil sie im Ernstfall immer für Sie da wäre. Sie kennen sich seit der Schulzeit, und sie ist eine treue Seele.

Nun stellen Sie sich das Ganze mal mit einem Partner vor.

Wieso sind Sie so viel toleranter Ihren Freundinnen gegenüber als Ihrem Partner?

Fühlen Sie sich für ihn verantwortlich? Glauben Sie, es fällt auf Sie zurück, wenn der Mann komisch herumläuft und ulkige Sachen erzählt?

Es fällt nicht auf Sie zurück! Sie sind nur für sich selbst verantwortlich. Und was die Leute denken, kann Ihnen doch egal sein.

Abgesehen davon: Was denken die Leute überhaupt? Die meisten sind ohnehin nur mit sich selbst beschäftigt und für den unwahrscheinlichen Fall, daß sie sich wirklich wundern, was wird dabei schon herauskommen?

„Sie ist oft alleine auf Konzerten, weil er die Musik nicht mag. Was für eine tolerante Partnerschaft."

„Die Frau hat einen tollen Geschmack, aber er ist wohl farbenblind. Sie liebt ihn trotzdem, toll!" oder „Sie ist ja eine richtig quirlige Ulknudel, und er kriegt die Zähne nicht auseinander. Ist wohl ein ganz Ruhiger. Eine ideale Ergänzung!"

Denken Sie an das Kapitel über Identität. Wenn Ihr Selbstwertgefühl stark ist, werden Sie sehr viel mehr Toleranz dem Partner gegenüber an den Tag legen und kein perfektes Verhalten von ihm erwarten.

Lassen Sie die Meinungen anderer einmal außer acht: Was wollen Sie wirklich von einer Partnerschaft?

Von Optik und wahren Werten

Lehnen Sie sich ruhig zurück und überlegen Sie: Was wünschen Sie sich von einem Partner, und was ist Ihnen wichtig? Sind es wirklich die Äußerlichkeiten? Okay, machen wir uns nichts vor, gefallen muß er Ihnen schon. Es hat keinen Sinn, wenn Sie sich jedesmal erschrecken, wenn er durch die Tür tritt. Es sei denn, Sie hatten immer schon ein Faible für „Die Schöne und das Biest" oder bekamen weiche Knie beim Anblick von Quasimodo, dem Glöckner von Notre Dame.

Wollen Sie Ihre Beziehung wirklich gestalten wie einen Basar oder wie einen Pferdemarkt?

Wollen Sie jeden potentiellen Partner erst auf Herz und Nieren prüfen, sein Gebiß untersuchen und ihm unter die Hufe gucken, ob da auch wirklich alles perfekt ist?

Wenn Sie so sehr auf Äußerlichkeiten setzen, ist enormer Streß angesagt. Nicht nur für den Partner, auch für Sie. Sie müssen schließlich diesem hohen Anspruch ebenfalls genügen. Bei Ihnen muß auch immer alles perfekt sein. Da wird jeder Pickel zur Katastrophe und jedes Hühnerauge zum Staatsakt. Noch sind Sie gut in Schuß, aber was ist in zwanzig Jahren? Wollen Sie sich unters Messer legen, um die Falten hinter dem Ohr bündeln zu lassen? Und wie steht es mit dem Partner, wenn er in die Jahre kommt? Stehen Sie dann noch zu ihm trotz seiner Tränensäcke und dem schütteren Haupthaar?

Und wie mag er das Ganze sehen? Genauso? Na, dann ist es nur konsequent, wenn er Sie wegen einer Jüngeren sitzen läßt. Die hat wenigstens noch keine Orangenhaut und schmeichelt außerdem seinem angegrauten Ego.

Zugegeben, es ist nicht so einfach, in unserer Gesellschaft auf dauerhafte Werte zu setzen. Zu sehr ist alles auf Wechsel und Äußerlichkeiten abgestellt. Trotzdem ist es in einer Partnerschaft unglaublich schwierig und anstrengend, sich diesen Wechselwerten und Marktmechanismen zu beugen. Schönheit ist nun mal ebenso vergänglich wie Besitz, Geld oder ein toller Job.

Was, wenn Sie arbeitslos werden? Was, wenn der Partner seinen Posten verliert?

Was, wenn Sie sich an der Börse verspekulieren oder Ihre Eltern das erhoffte Erbe alleine durchbringen?

Was, wenn Ihr Partner den Porsche gegen einen Baum setzt und im Rollstuhl leben muß?

Wir wollen Ihnen mit diesen Katastrophenszenarien zeigen, wie entscheidend es ist, daß Ihre Liebe von etwas anderem getragen wird. Und daß Treue sich nicht auf wechselhaften Werten aufbauen läßt, sondern eine tiefe dauerhafte Basis braucht.

Wichtig für das Treuepotential sind dauerhafte Werte: Vertrauen, Toleranz, Verstehen und Verstandenwerden, Sicherheit, Unterstützung, Zusammenhalt, Gemeinsamkeit.

Das klingt Ihnen alles zu betulich? Okay, dann überlegen Sie sich folgendes Szenario:

- Ihr Partner guckt jedem Rock hinterher, der ihm auf der Straße begegnet. Selbst einem Schotten hat er schon hinterhergestiert. Es spielt keine Rolle, ob Sie dabei sind oder nicht. Außerdem hat er mit glasigen Augen gerade eine blutjunge neue Sekretärin eingestellt und die vorige entlassen, die langsam in die Jahre kam. Vertrauensbildend?

- Ihr Partner „scannt" Ihren Körper jeden Morgen ab. Sie können sicher sein, daß ihm kein Gramm zuviel an Ihnen entgeht und daß er Sie bestimmt auf jeden neuen Mitesser hinweist. „Du siehst schon fast so verknautscht aus wie der Mops deiner Mutter" oder „Meine Güte, dein Busen gibt sich aber alle Mühe, Bekanntschaft mit dem Bauchnabel zu machen" sind Sätze, die Sie nur zu gut kennen. Toleranzfördernd?

- Sie haben richtig Streß im Job. Der neue Chef greift Ihnen bei jeder Gelegenheit an den Rock. Jetzt fängt auch noch die neue Kollegin an, an Ihrem Stuhl zu sägen und intrigiert gegen Sie. Ihr Partner meint dazu nur: „Stell dich nicht so an und sei froh, daß wenigstens dein Chef noch Gefallen an deinem Hintern findet." Verstanden werden?

- Alle zwei Wochen packt Ihr Partner seine Reisetasche, setzt sich in seinen neuen Sportwagen und verschwindet über das Wochenende. „Ich brauche meine kleinen Fluchten, nerv' mich nicht mit deinen Fragen", antwortet er, wenn Sie wissen wollen, wohin er fährt. Sicherheit?

- Sie haben Ihren Job verloren und müssen aus Ihrer Wohnung ausziehen. Sie sind ziemlich verzweifelt. „Sorry, Schatz, aber bei mir kannst du nicht einziehen. Du weißt, ich brauche meinen Freiraum und außerdem bist du ja auf meine preisgekrönte nordafrikanische Rassekatze allergisch." Zusammenhalt ?

- Sie sind im Urlaub und sitzen gemeinsam am Meer. Der Sonnenuntergang ist umwerfend schön und Sie greifen verzückt nach seiner Hand. Versonnen blicken Sie aufs Meer. „Oh Mann, zu Hause läuft um die Uhrzeit die Sportschau und wir sitzen hier dumm rum. Bestimmt weiß im Hotel wieder kein Schwein, wie Bayern München gespielt hat", mault er plötzlich. Gemeinsamkeit?

Es ist mit Sicherheit nicht so einfach, einen Partner zu finden, mit dem Sie ein echtes Treuepotential aufbauen können. Sie werden einige Frösche küssen müssen und viele werden sich nicht verwandeln. Wenn Sie jedoch einen geküßt haben, und er entpuppt sich als liebenswerter verständnisvoller Prinz, dann schicken Sie ihn um Gottes Willen nicht wegen eines zu spitzen Kinns in die Wüste.

Von Blitzschlägen und anderen Illusionen

Vielleicht haben Sie Ihren Partner noch nicht gefunden. Sie hassen Frösche genauso wie Prinzen und warten lieber. Allerdings sind Sie der festen Überzeugung, daß Sie vom Blitz getroffen werden, wenn Sie IHM begegnen. Ihre Uhr wird stehenbleiben und Pfeile werden vom Himmel geschossen, die über seinem Kopf hängen bleiben und Ihnen zeigen: Das ist ER! Sie werden es einfach augenblicklich wissen. Mit dieser Illusion sind Sie in guter Gesellschaft.

Von klein auf wird uns beigebracht, daß es in der Liebe darum geht, den Richtigen oder die Richtige zu finden. Wir

wissen genau wie er oder auch sie auszusehen hat. Nun
rennen wir los und suchen. Wir durchforsten Diskos,
Büroräume, Kontaktanzeigen – immer mit der Hoffnung,
daß auch er suchend durch die Gegend flitzt und wir schon
irgendwann mit ihm zusammenstoßen werden. Entweder
wir finden ihn oder er uns. „Wie der Weihnachtsmann am
Heiligen Abend, ganz gleich, wo wir leben oder wie schwer
wir zu erreichen sind."[43]

Glauben Sie wirklich noch an den Weihnachtsmann?

Kein Wunder. Es wird uns ja andauernd erzählt, daß es
so abläuft. Im Kino oder im Fernsehen laufen Liebesfilme,
in denen sich am Schluß immer die beiden treffen, die „füreinander bestimmt sind". Leider enden hier die meisten
Filme. Wie die beiden das verflixte siebte, oder nach neue-
ren Untersuchungen, sogar schon das verflixte vierte Jahr[44]
überstehen, wird uns vorenthalten. Wir gehen nach dem
Film ins Bett mit der süßen klebrigen Vorstellung, daß dieses Traumpaar glücklich zusammenlebt, bis daß der Tod sie
scheidet. Und auch für uns ist da draußen einer bestimmt,
den wir bald treffen werden.

Aber wie sieht die Wirklichkeit aus? Ist es Ihnen nicht
auch schon so gegangen, daß Sie einen Mann kennenler-
ten und dachten „Der ist es". Daß aber leider nach der ersten Euphorie alles ganz schnell den Bach runterging?

Muß er wirklich zu 100 Prozent Ihren Vorstellungen
entsprechen? Haben Sie sich da nicht einen Idealmann aus-
gemalt, der so gar nicht zu finden ist?

Natürlich gibt es ganz klare Grenzen, wo alle Toleranz auf-
hört. Wenn er Verhaltensweisen an den Tag legt, die Ihr
Selbstwertgefühl verletzen, Sie demütigen oder in anderer
Form grob gegen die Spielregeln verstoßen, dann wird es
kritisch. Wenn Sie erst Wochen später erfahren, daß er bei
seiner Exfreundin übernachtet hat, wenn er dauernd an Ihnen herummeckert und Sie ihm nichts recht machen können, wenn er also Ihr Selbstwertgefühl untergräbt, Sie an-
brüllt oder gar schlägt, dann sollten Sie schnell zum Kapi-

tel Krisenmanagement springen. Denn hier hört der Spaß auf. Das hat auch mit Ihrer Treue nichts mehr zu tun.

Wenn Ihre Kritik an ihm sich jedoch auf das Ausleben kleiner Marotten bezieht, die Ihr eigenes Leben nicht wirklich einschränken, sollten Sie sich fragen, ob Sie diese Macken mit etwas mehr Toleranz akzeptieren können, statt ihn ständig ändern zu wollen. Umfragen haben interessanterweise ergeben, daß eine zweite Ehe oft erfolgversprechender ist als die erste. „Die Erwartungen sind nicht mehr so unrealistisch hoch."[45]

Checkliste: Werte

Zusammenfassend können Sie sich folgende Fragen stellen:

● Schränkt sein Verhalten mich in meiner persönlichen Freiheit tatsächlich ein?
● Beeinflussen seine Marotten wirklich mein Selbstwertgefühl?
● Sind seine Klamotten wirklich wichtiger als sein Wesen?

Wenn Sie alle Fragen mit „ja" beantwortet haben, lesen Sie dringend das Kapitel „Krisenmanagement" und denken Sie über eine Trennung nach.

Sollten Sie allerdings über 45 Jahre alt sein und seit Jahrzehnten monatlich wechselnde Partner haben oder immer noch zu Hause wohnen und zusammen mit Ihrer Mutter auf der Suche nach Ihrem Traumpartner sein, dann sollten Sie die Konsultation eines Psychologen in Erwägung ziehen. Das Ganze könnte System haben.

Nähe, aber plötzlich!

Sie haben einen Mann kennengelernt. Die Pfeile wiesen deutlich auf ihn und Ihre Uhr blieb stehen. Er trug die richtigen Socken und hatte den gleichen Lieblings-Joghurt. Sie verstanden sich auf Anhieb, und die Luft zwischen Ihnen schien zu brennen. Es dauerte nicht lange, und Sie landeten zusammen im Bett. Lodernde Leidenschaft. Das war vor vier Monaten. Doch nun kommen Ihnen Zweifel.

Im Bett ist es immer noch ganz nett, und gefallen tut er Ihnen auch, aber irgendwie verweigert er sich konsequent der Symbiose.

Er ruft Sie nicht mehrmals täglich an und auch von Heirat ist noch keine Rede. Er will immer noch andauernd mit seinen Freunden losziehen und seine Eltern haben Sie auch noch nicht kennengelernt. Sie sind ihm wohl nicht wichtig genug? Bevor Sie in Tränen des Selbstmitleids und der Enttäuschung ausbrechen, holen Sie erst einmal tief Luft.

Klar kann es sein, daß Sie an einen Bindungsunwilligen geraten sind und das nun schmerzlich erkennen müssen, aber es muß nicht sein. Haben Sie ein wenig Geduld. Männer sind nicht die schnellsten. Sie unterliegen den physikalischen Gesetzmäßigkeiten in ganz besonderer Weise. Sie erinnern sich vielleicht an das Trägheitsmoment? Träger Widerstand eines Körpers gegen Beschleunigung. Sie versuchen, ihn zu beschleunigen, und er hängt noch in seinem Trägheitsmoment fest. Vielleicht gibt es bei ihm auch noch Widerstand. Sie erinnern sich, Physik 7. Klasse: Widerstand ist die Kraft, die einer Bewegung entgegenwirkt. Sie versuchen, ihn zu bewegen, und er setzt dem Ganzen Widerstand entgegen. Alles eine Frage der Physik bei den Männern. Nun kommen Sie bitte nicht mit Hebelwirkung und Brechstange oder mit Quantensprüngen und Teilchenbeschleunigern.

Haben Sie Geduld! Warten Sie, bis sein Trägheitsmoment überwunden ist. Dann kommt er von ganz alleine auf sie zu. Nähe und Vertrauen brauchen Zeit! Denken Sie an den erfolgreichen Film „Harry und Sally", Sie wissen schon, der mit dem gespielten Orgasmus beim Essen. Die beiden brauchten Jahre, um einander zu finden, und Sie wollen die totale Nähe nach ein paar Monaten.

Nähe ist nichts, was sich automatisch herstellt. „Nähe ist ein Prozeß und kein plötzliches Ereignis."[46] Klar gibt es Menschen, mit denen wir uns mehr zu sagen haben als mit anderen, wo die Wellenlänge zu stimmen scheint. Nichtsdestotrotz braucht man Zeit, um sich wirklich kennenzulernen. Vor allem braucht man Zeit, um wahre Intimität herzustellen.

Langsame Lust

Heutzutage neigen wir oft dazu, Nähe, Sex und Intimität miteinander zu verwechseln. Leidenschaft stellt sich schnell her. Sie ist schnell entflammt und meist ebenso schnell wieder erloschen. Mit Nähe und wirklicher Intimität hat sie wenig zu tun.

Da wir oftmals recht schnell miteinander im Bett landen, wird eine Scheinintimität geschaffen, die mit wahrer Nähe noch nicht viel zu tun hat. Wir lernen den Körper des Partners schneller kennen als sein Innenleben. Wir wissen vielleicht schon am ersten Abend, daß er einen herzförmigen Leberfleck am Po hat, haben aber keine Ahnung, was er gerne liest, hört oder ißt. Geschweige denn, was ihn wirklich bewegt, wie er mit Problemen umgeht, was er mit uns zu teilen bereit ist und was nicht. Und dann sitzen wir schon drin im Schlamassel.

Wie wäre es mit folgender Vorstellung: Sie lernen einen Mann kennen und lassen sich Zeit. Sie beschnuppern sich in aller Ruhe, machen lange Spaziergänge und lernen sich kennen. Sie sind zwar schon ganz aus dem Häuschen vor lauter Leidenschaft, geben dem aber nicht nach, sondern lassen dieses Feuer lodern. Sie liegen nachts wie ein Teenager im Bett und hängen Ihren Phantasien nach und träumen davon, wie es mit ihm beim Sex sein wird. Sie genießen diese lustvolle Vorstellung eine Weile, ohne wirklich mit ihm ins Bett zu gehen. Sie wollen diesen Mann erst einmal kennen lernen, dann sind Sie auch nicht mehr ganz so baff, wenn er die ersten seelischen Hüllen fallen läßt. Nein, nicht wie in den konservativen Fünfzigern, sondern wie in den selbstbestimmten Neunzigern. Es ist Ihre eigene Entscheidung, sich Zeit zu lassen.

Zeigen Sie Mut zur Langsamkeit. Lernen Sie Ihre Lust kennen und beherrschen. Genießen Sie die Vorfreude. Vielleicht haben Sie beim Essen auch schon einmal das Beste bis zum Schluß aufgehoben oder einen guten Rotwein entkorkt, aber nicht gleich getrunken, sondern erst einmal ein paar Stunden atmen lassen. Vielleicht haben Sie ein teures Kleid ein paar Wochen umkreist, bevor Sie es kauften oder einem Urlaub lustvoll entgegen gefiebert. Machen Sie es mit dem nächsten potentiellen Prinzen doch mal genauso. Sie müssen heutzutage keinen Mann mehr davon überzeugen, daß Sie sexuell selbstbestimmt sind und es völlig okay finden, in der ersten Nacht in seinem Bett zu landen. Das müssen Sie weder sich noch Ihren Freundinnen beweisen. Denken Sie an die Erfahrungen, die Sie gemacht haben. Sind Sie schon mal mit diesem faden Geschmack neben einem Mann aufgewacht, den Sie kaum kannten? Haben Sie sich schon mal heimlich morgens aus einer Wohnung geschlichen oder sich in Peinlichkeiten am Frühstückstisch ergangen? Intimität braucht Zeit. Sehen Sie Ihre Lust als einen teuren Rotwein. Den trinken Sie doch auch nicht mit jedem und nicht zu jedem Anlaß. Zum richtigen Zeitpunkt können Sie dann lustvoll genießen.

Damit schaffen Sie auch die besten Voraussetzungen für die Treue. Denn wenn Sie jedem Reiz nachgeben, wird das schwierig mit treu sein, und auf Dauer brennen Sie aus. Zehn Strohfeuer hintereinander können ein Flächenbrand in Ihrer Seele sein.

Liebesaerobic

Am Anfang zeigen wir uns natürlich nur von der besten Seite und der Partner genauso. Schließlich wollen wir uns im Idealfall beide verlieben und eine treue Beziehung aufbauen. Aber hier fängt die Arbeit erst an. Was hat denn Liebe mit Arbeit zu tun, fragen Sie. Sie können diesen Begriff „Beziehungsarbeit" nicht mehr hören. Lieben wollen Sie und das jetzt und ganz und gar. Arbeiten können Sie im Büro, zu Hause wollen Sie das streßfreie Glück. Wieso glauben Sie allen Ernstes, daß es in der Liebe anders sein sollte als im Büro oder im Fitneßcenter? Im Büro mußten Sie doch auch erst lernen, die entsprechenden Strategien zu verfolgen, mußten lernen sich durchzusetzen oder Kompromisse zu schließen. Und im Fitneßcenter quälen Sie sich stundenlang mit Stepaerobic, Callanetics, Power Workout oder Sie joggen oder verbiegen sich beim Yoga. Sie strengen sich an und quälen sich manchmal auch ein bißchen für Ihre Figur und Ihre Gesundheit. Nur in der Liebe soll es ohne Anstrengung funktionieren? Wieso glauben Sie, daß zwei erwachsene Menschen mit unterschiedlichen Erfahrungen, Hintergründen und Eigenwilligkeiten bei aller Verliebtheit urplötzlich immer einer Meinung sind, keine Marotten mehr haben und dem Partner jeden Wunsch von den Lippen ablesen? Es ist doch eine Illusion, zu glauben, daß einem die Liebe einfach so zufliegt und nicht gepflegt werden muß. In einer Frauenzeitschrift war folgende Interviewpassage von einer Frau zu lesen, die ihren 30sten Hochzeitstag feierte. „Schön ist die Ehe. Es ist schön, wenn man sich viel Mühe macht. Und es kostet viel Mühe, das mit einem Menschen so lange Jahre hinzukriegen. Das geht nur mit Rücksichtnahme aufeinander und vielleicht mit einem Stück Verbissenheit."[47]

Kompromisse und Toleranz gehören ebenso zu einer Partnerschaft wie Auseinandersetzungen, doch dazu später noch mehr.

Sie wollen keine Kompromisse eingehen, Sie wollen alles und zwar sofort. Sie wollen keinen unperfekten Partner. „Ich sehe einen Mann und scanne: Optisch paßt er. Dann macht er den Mund auf, ich höre: heiraten, Kinder, Geld – und finde das wunderbar. Dann erzählt er einen Witz, und der ist überhaupt nicht komisch. Da drehe ich mich lieber um und gehe."[48]

Oder Sie sehen eine Partnerschaft wie einen Kaugummi. Anfangs lecker, dann zäh, dann fade und wenn er Ihnen gar nicht mehr schmeckt, spucken Sie ihn aus.

Okay, wenn Ihr Partner es genauso sieht, wird auch er Sie ausspucken, wenn er einen frischeren Bubblegum sieht oder ein neues attraktiveres Produkt auf den Markt kommt.

Wenn Sie sich aber eine solide Basis aufgebaut haben, kommt so schnell kein neues Modell dazwischen. Eine sturmerprobte Barkasse wird nicht so schnell gegen eine Nußschale eingetauscht und selbst wenn eine Jacht winkt, wird der gewissenhafte Matrose widerstehen. Denn, der gute Seemann bleibt auf seinem Schiff und verläßt es nicht so schnell, zumindest nicht vor den Ratten. Können Sie noch folgen?

Eine solide Partnerschaft gibt man nicht so schnell auf. Wie sie zu einer soliden Partnerschaft kommen? Lesen Sie weiter!

Sind Sie jedoch der Auffassung, Liebesaerobic sei Ihnen zu anstrengend und zum Investieren gebe es Aktien, dann gibt es folgende Alternativen:

Dr. para. Dox rät:

1. Die Distanzbeziehung

Suchen Sie sich einen Partner, der in einer anderen Stadt wohnt. Nehmen Sie sich eine Deutschlandkarte und holen

Sie einen Zirkel. Jetzt stechen Sie die Zirkelspitze in Ihre Hei-
matstadt. Schauen Sie sich den Maßstab an und schlagen
Sie nun einen Kreis von etwa 600 km. Wieso 600 km? Na,
wenn es nur 300 km sind, setzt er sich vielleicht abends noch
in seinen Wagen und kommt „spontan" vorbei. Das wollen Sie
doch nicht, also kein Risiko. Suchen Sie sich interessante
Orte raus und schalten Sie Kontaktanzeigen bzw. unternehmen Sie Reisen in die Region oder melden sich dort für
Seminare an. So können Sie Ihren Distanzpartner kennenlernen. Schließlich wollen Sie ja eine Wochenendbeziehung.
Da haben Sie die ganze Woche für sich, können tun und lassen, was Sie wollen und am Wochenende ist der Liebste
dran. Sie werden sich beide nur von Ihrer Schokoladenseite
zeigen. Sie unternehmen etwas Nettes und können Ihre Verliebtheit möglichst lange ohne Eintrübungen über die Runden
retten. Sie haben nichts mit seinen Socken zu schaffen und
seine Zahnpastatube dreht er spätestens dann wieder zu,
wenn er sie in seiner Kosmetiktasche versenkt.

Sie können unbehelligt mit anderen attraktiven Zeitge-
nossen flirten. Wenn Ihr Distanzpartner erste kleine Abnut-
zungserscheinungen zeigt, haben Sie immer die Möglichkeit,
schon mal parallel nach einem Besseren zu suchen.

2. Biegen Sie ihn zurecht

Klar, backen können Sie ihn nicht, aber zurechtbiegen. Lesen
Sie oben noch mal etwas über Pygmalion und seine perfekte
selbst geschaffene Frau. Das können Sie auch. Krempeln Sie
Ihren Partner um und machen Sie ihn passend. Sie sollten
dazu jedoch eher ein softes Modell wählen, der ausgebuffte
Manager könnte sich quer stellen.

Ein bißchen müssen Sie leider investieren. Seine Runderneuerung ist nicht ganz billig, aber es lohnt sich. Dann
haben Sie am Ende endlich den Mann, von dem Sie immer
geträumt haben. Was Sie genau machen können, hängt

86

natürlich von Ihrem Geschmack ab, aber dem Pygmalionabschnitt können Sie einige hilfreiche Tips entnehmen. Nehmen Sie auch kein Blatt vor den Mund und legen Sie gnadenlos den Finger auf die Wunde bzw. die Glatze, den Bauchspeck, die Halsfalten. Sagen Sie ihm, daß er mit dem Pulli bescheuert aussieht. Sagen Sie ihm, daß Sie Glatzen furchtbar finden und schon einen prima Haarimplanteur für ihn gefunden haben. Danach sollten Sie einen Schönheitschirurgen auf ihn ansetzen. Mangelndes Brust- und Haupthaar läßt sich heutzutage implantieren und Fett an Bauch und Hüften absaugen. Sogar Penisimplantate sind möglich. Den leidigen Schnauzer können Sie ihm selbst entfernen, notfalls nachts und die Brille durch kobaltblaue Kontaktlinsen ersetzen.

Unterstützen Sie seine Persönlichkeitsentwicklung, indem Sie ihn möglichst genau beobachten und jede komische Geste oder Gesichtsentgleisung rückmelden. Darüber hinaus können Sie anfangen, seine Kleidung zu erneuern und seine Hobbys nach Ihren Wünschen zu verändern. Haben Sie Geduld, es wird alles etwas dauern. Wenn Sie ihn umgekrempelt haben, gucken Sie noch einmal genau hin, ob Sie mit diesem rückgratlosen Weichei, der sich von Ihnen alles bieten läßt, überhaupt zusammenleben wollen. Verlassen Sie ihn baldmöglichst, denn so ein konturloser Mann ist ja nun das Letzte.

3. Suchen Sie sich Don Juans

Suchen Sie sich ein Model oder einen aus der Schar erfolgsverwöhnter schöner Männer, Rockstars oder Schauspieler. Ertrinken Sie in seinen abgrundtiefen blauen Augen, glauben Sie seinen Beschwörungen von ewiger Liebe, genießen Sie es, seine Königin der Nacht zu sein. Natürlich sieht es morgen früh anders aus. Vielleicht muß er schon vor dem Frühstück gehen, da er heute viele „Dates" hat und sowieso die nächste Zeit fürchterlich „im Streß" ist. Wenn Sie bei dem Ge-

danken einen schalen Geschmack im Mund haben, selber
schuld. Ein Feuerwerk dauert eben nur Augenblicke.

Nachdem Sie eine der drei Varianten gewählt und weiterhin keine Lust auf Beziehungsinvestment haben, können
Sie sich die weitere Lektüre dieses Buches sparen. An Ihrer
Partnerschaft brauchen Sie nicht zu arbeiten. Sie können
sich direkt nach diesem Kapitel wieder Ihrer Körperpflege
widmen oder neue Klamotten kaufen gehen. Jede weitere
Investition in die Beziehung ist verschwendete Zeit.

Diese Helden werden Ihnen sowieso nicht treu sein.

**„Treue ist nichts, was von außen implantiert wird, wenn
nur der/die Richtige kommt. Sie erwächst aus einem inneren Bedürfnis und der Fähigkeit, den Versuchungen zu
widerstehen, die jeder verspürt, der sexuell empfindet."**[49]

Nun kommen Sie bitte nicht mit Oskar Wilde „Ich kann
allem widerstehen außer der Versuchung".

Wenn Sie wissen wollen, wie Sie der Versuchung widerstehen, Ihren Partner bei der nächsten Meinungsverschie-
denheiten ohne Rückflugticket auf den Mond zu schießen,
lesen Sie weiter.

Eine spannende Beziehung oder Gegensätze lieben lernen

Auch der traumhafteste Partner kann plötzlich Verhaltensweisen an den Tag legen, die Sie nicht für möglich gehalten hätten, die Sie irritieren und verletzen. Vielleicht vertritt er seine Marotten auch noch mit einer Engstirnigkeit, die Sie ihm nie zugetraut hätten. Ein Grund zur Trennung? Der Partner ist kein eineiiger Zwilling im Geiste. Spannungen auszuhalten kann man ebenso lernen wie die Tatsache, daß Streiten verbindet.

Frisch verliebt ist halb gewonnen

Sie haben es also geschafft. Ihr männliches „Kamel" hat sich durch das Nadelöhr Ihrer Auswahlkriterien gezwängt, und Sie sind im siebten Himmel der Liebe. Bislang haben Sie sich beide von Ihrer besten Seite gezeigt, und alles war wunderbar.

Sie geben sich unheimliche Mühe und haben sogar schon eine Fußball-WM streßfrei durchgestanden – und ER hat das Kaffeetrinken mit Ihrer Mutti wunderbar gemeistert und alle mit seinem Charme betört. Was soll jetzt noch schief gehen, fragen Sie sich.

Wir wollen Ihnen nicht die Illusionen rauben, aber da kann noch eine ganze Menge passieren.

Irgendwann wird unweigerlich der Tag kommen, da Sie nicht mehr einer Meinung sind. Sie werden sich auseinandersetzen, aber deshalb noch lange nicht auseinandergehen. Streiten verbindet und das nicht nur, weil die Versöhnung so schön ist. Streiten verbindet auch, weil Sie sich als eigenständige Persönlichkeiten zeigen, weil Sie dem Partner Grenzen setzen und weil Sie dadurch füreinander um so spannender werden: Als zwei unterschiedliche Personen, die sich freiwillig füreinander entschieden haben. Es kommt nur darauf an, wie Sie sich streiten. Ob Sie immer wieder wahllos tonnenweise Porzellan zerschlagen oder ob Sie eine Streitkultur entwickeln können. Doch dazu in der zweiten Hälfte des Kapitels.

Zunächst wollen wir uns an Ihren Persönlichkeitstyp herantasten und mit dem Vorurteil aufräumen, daß ein Partner mit ähnlichem Temperament und Tempo wie Sie selbst unweigerlich besser zu Ihnen paßt, als jemand, der ganz anders ist.

An welche Volksweisheit glauben Sie?

„Gleich und gleich gesellt sich gern" oder „Gegensätze ziehen sich an"?

Viele Psychologen sind der Auffassung, daß beides stimmt. Allerdings je nachdem auf welcher Ebene. „Gleich und gleich gesellt sich gern" trifft weitestgehend zu auf Herkunft, Wertesystem und Bildung. Diese Erkenntnis ist nicht so spektakulär, wenn man sich überlegt, daß ein ähnlicher Hintergrund in bezug auf Schulausbildung, Berufswahl und Herkunftsfamilie sich auf kulturelle Interessen, Umgangsformen und Einstellungen auswirkt.

Vor allem Frauen binden sich eher auf der gleichen sozialen Ebene oder versuchen, wie Studien belegen, „in bessere Kreise" einzuheiraten.[50] Eher selten sind Eheschließungen, bei denen die Frau einen Mann mit deutlich geringerem Bildungsgrad heiratet. Hierzu belegen Untersuchungen, daß Ehen, bei denen die Frau erfolgreicher, gebildeter und/oder reicher ist als der Mann, weitaus öfter geschieden werden als andere.[51]

Das soll nicht heißen, daß eine Professorin für Kunstgeschichte nicht glücklich mit einem Tellerwäscher zusammenleben kann, auch wenn er nicht einmal daran denkt, später Millionär zu werden. Sehr häufig und – rein statistisch – sehr erfolgversprechend ist es jedoch nicht und fordert beiden mit Sicherheit ein hohes Maß an Toleranz ab. Oder wie stellen Sie sich die beiden bei einem offiziellen Empfang vor. Verfügt er über soviel natürlichen Charme, daß ihm selbst die blasiertesten Honoratioren zu Füßen liegen? Sind ihm die Fragen nach Beruf und Status völlig egal? Oder wird er seinen Kollegen in der Küche stolz erzählen, daß seine Frau gerade eine Ausstellung über den englischen Symbolismus vorbereitet?

Die Behauptung, daß Unterschiede sich anziehen, trifft eher auf die Persönlichkeitstypen zu. Zwei verschiedene Temperamente in einer Partnerschaft werden oftmals als Bereicherung empfunden. „Er ist der ruhende Pol" oder „Sie bringt Schwung in mein Leben".

Einleuchtend, oder?!

Kleine Persönlichkeitstypologie

Was sind Sie für eine Persönlichkeit? Immer auf dem Sprung? Öfter mal was Neues? Feten, Freunde, Fitneßfaible?

Oder sind Sie eher ruhig? Nichts geht über ein gutes Buch? Kaminfeuer, Kerzen, Kekse und Klassik?

Wo würden Sie Ihren Partner einordnen? Eher der aktive Macher, ständig unterwegs oder der häusliche Denker, sinnierend und sinnlich?

Die Psychologie unterscheidet im wesentlichen zwischen zwei Persönlichkeitstypen: Extravertierte und Introvertierte.

Checkliste: Extravertiert-Introvertiert

Wenn Sie Lust haben, überprüfen Sie anhand der Checkliste, ob Sie eher extravertiert oder introvertiert sind.[52]

● Sind Sie gerne unterwegs und fällt Ihnen schnell die Decke auf den Kopf ?
● Brauchen Sie Abwechslung, also bloß nicht drei Tage hintereinander die gleiche Pasta?
● Sind Sie am liebsten unterwegs? Nach der Arbeit ab zum Sport und am Wochenende raus aus der Bude, Hauptsache unter Menschen?
● Schließen Sie leicht Freundschaften und sind auch am liebsten mit Freunden zusammen? Lieben Sie Geselligkeit?
● Handeln Sie lieber statt groß nachzudenken? Passiert es Ihnen also schon mal, daß Sie spontan Kinokarten kaufen und Ihnen dann erst einfällt, daß Sie am gleichen Abend zum Essen verabredet sind?
● Lieben Sie Betriebsamkeit? Haben Sie lieber die Bude voll statt alleine auf dem Sofa zu sinnieren?
● Haben Sie ein großes Mitteilungsbedürfnis? Unterhalten Sie sich gerne stundenlang mit Freundinnen oder telefonieren Sie leidenschaftlich?
● Geht Ihnen zuviel Ruhe auf die Nerven? Schalten Sie lieber das Radio an, wenn Sie nach Hause kommen statt in Ruhe einen Tee zu trinken?
● Reagieren Sie leicht impulsiv? Spontane Kleiderkäufe sind Ihnen ebenso vertraut wie unüberlegte und aufbrausende Reaktionen?

Wenn Sie fünf oder mehr Fragen mit „Ja" beantwortet haben, tendieren Sie zum extravertierten Typ, überwiegt das „Nein", neigen Sie eher zur Introversion.

Extravertierten Menschen sagt man nach, sich nach außen zu orientieren. Sie gelten als gesellig, impulsiv und umtriebig.

Introvertierte werden gemeinhin als zurückgezogener angesehen. Sie sind nachdenklicher, beherrschter und ruhiger.

Vermutlich sind Sie sogar ein Mischtyp und haben sowohl aktive als auch passive Tendenzen.

Aber wenn Sie sich selbst so ansehen, werden Sie doch vermutlich schon entschieden haben, wo Sie sich eher einordnen und wo Sie Ihren derzeitigen oder letzten Partner ansiedeln.

So kann es nun anhand dieser beiden Persönlichkeitsausrichtungen zu vier Paarungen kommen:

1. Extravertierte Frau trifft extravertierten Mann
2. Introvertierte Frau trifft introvertierten Mann
3. Extravertierte Frau trifft introvertierten Mann
4. Introvertierte Frau trifft extravertierten Mann

Alle haben sie Ihren Reiz, und alle bringen unterschiedliche Probleme mit sich.

Nehmen wir die erste Variante:

1. Extra-Frau trifft Extra-Mann

Wunderbar denken Sie, das paßt doch. Beide gesellig und gerne unterwegs. Im Prinzip ja. Nur hat man leider festgestellt, daß es auch bei scheinbar gleichen Persönlichkeitsstrukturen im Laufe einer Partnerschaft zu Polarisierungen kommt.

Nehmen wir ein Beispiel:

Sie sind extravertiert und Ihr Partner auch. Sie haben eine tolle Woche hinter sich. Montag waren Sie mit Arno und Anja im Kino, Dienstag mit Britta und Bodo beim Squashen, Mittwoch waren Sie alleine beim Frauenskatabend, Donnerstag hatten Sie Dörte und Dirk zum Essen, Freitag gab es eine kleine Feierabendfete in der Firma und Samstagabend waren Sie zusammen mit Gerda und Gunnar auf einem Rockkonzert. Das war gestern. Heute ist Sonntag, und heute sind auch Sie etwas geschafft, bei aller Energie und Extravertiertheit. Heute wollen Sie Ihre Ruhe haben und einfach mal nett zu Hause abhängen. Abends höchstens noch den „Tatort" gucken und danach direkt ins Bett. Ihr Auserwählter sieht das ganz anders. Schon kurz nach dem Wachwerden schlägt der Hamstereffekt durch. Der Mann möchte in sein symbolisches Laufrad. Joggen, Duschen, Frühstücken. Ihnen schwant Übles. Er kann einfach nicht still sitzen. Wahrscheinlich war er als Kind schon hyperaktiv. Vielleicht sollten Sie seine Ernährung umstellen. Keine Phosphate mehr. Aber erst einmal bleiben Sie im Bett. Doch da steht er schon, frisch gestriegelt und gespornt. „Wollen wir Heinz und Helga besuchen?" „Können wir uns nicht einfach mal einen netten ruhigen Tag zu Hause machen?"

Den Rest können Sie sich vorstellen. Diskussion, Kompromiß, Vorwürfe, Einigung, getrennte Aktivitäten. Je nach Stimmung und Streitkultur.

Auch wenn beide Partner tendenzielle „Extras" sind und eigentlich sehr ähnliche Temperamente haben, wird es immer wieder Situationen geben, in denen der eine nicht mitziehen kann oder möchte. Psychologen sprechen in diesem Fall von internen Polarisierungen. Das heißt, daß eine Extra-Frau, die gemessen an einer Introvertierten unglaublich dynamisch und aktiv wirkt, im Vergleich zu Ihrem Partner der ruhigere Part sein kann und immer wieder versucht, ihn zu bremsen und umgekehrt.

2. Intro-Frau trifft Intro-Mann

Die beiden haben sich beim Meditationskurs kennengelernt oder sind sich in die Arme gelaufen, als sie beide gerade über den Sinn des Lebens nachdachten. Vielleicht wurden sie einander auch von Freunden vorgestellt, die es gut meinten. „Du mußt doch mal unter Menschen. Wir haben da noch einen netten ruhigen Religionslehrer im Bekanntenkreis. Er kommt zum Essen. Gib dir einen Ruck, und komm auch."

Sie haben sich einen Ruck gegeben und sich nach einigen weiteren Treffen in diesen Mann verliebt. Stundenlang saßen Sie gemeinsam vor dem Kamin und merkten gar nicht, daß um sie herum schon der halbe Teppich angekokelt war. Hand in Hand saßen sie am Flußufer, blickten in die Strömung und haben über Gott und die Welt diskutiert. Sie haben anscheinend Ihr Alter Ego gefunden, was brauchen Sie die Welt um sich herum. Sie verbringen die Abende in der Regel zu Hause. Er liest in seinem Ohrensessel, sie meditieren nebenan oder sind in Ihre Lektüre vertieft. Irgendwann sticht Sie der Hafer. „Nie gehen wir vor die Tür. Ich war schon seit Ewigkeiten nicht mehr auf einer Lesung. Außer der Kastanie vor dem Balkon sehe ich keine Bäume mehr in freier Wildbahn. Nie machen wir Ausflüge. Du und deine Bücher! Ich kriege hier keine Luft mehr." Vielleicht explodieren Sie nicht gleich, aber tendenziell sind auch bei dieser vielversprechenden Temperamentskonstellation Polarisierungsproblematiken angelegt. Womit wir wieder bei der Streitkultur wären, auf die wir später näher eingehen werden.

Wenn das schon bei den gleichtemperierten Partnern so schwierig ist, wie soll das erst bei unterschiedlichen Typen sein. Da fliegen ja nur die Fetzen, oder?

Tendenziell setzen diese Konstellationen in der Tat noch mehr Toleranz voraus, als bei augenscheinlich ähnlicheren Partnern. Nichtsdestotrotz liegen in den Unterschieden durchaus auch große individuelle Entwicklungschancen.

3. Extra-Frau trifft Intro-Mann

Sie ist von der Tendenz her eher quirlig, ist viel unterwegs und hat gerne Besuch. Kennengelernt hat sie ihren introvertierten Partner bei einer Ausstellungseröffnung, wo sie ihn angesprochen hat. Von Anfang an gefiel ihr seine ruhige Art. Nur ab und zu gehen ihr die Pferde durch, wenn er ihr zu langsam ist, und sie braust mal kurz auf. Da er das inzwischen schon kennt, grinst er nur, und sie beruhigt sich wieder. Während sie ihre Freundinnen trifft und vom Sport in die Kneipe und danach noch zum Konzert flitzt, sitzt er manchmal lieber alleine zu Hause und liest. In regelmäßigen Abständen unternehmen beide etwas zusammen.

Oh Gott, wie furchtbar, sagen Sie. Wie soll das denn gut gehen? Die beiden haben doch nichts gemeinsam. Vielleicht ist es gerade das, was sie aneinander spannend finden. Sie treibt ihn ab und zu an, reißt ihn aus seiner Tendenz zur Lethargie. Er holt sie von der Decke, wenn sie wieder einmal explodiert ist, und zeigt ihr, wie sie etwas ruhiger an die Dinge herangehen kann.

Sicher kann es schwierig werden, wenn er in seinem Rollenmuster feststeckt und es nicht ertragen kann, eine Partnerin zu haben, die schneller ist als er. Wenn sie also den aktiven Part übernimmt und ihn nicht zum Zuge kommen läßt. Bis er soweit ist, in den Zug zu steigen, ist sie schon am Zielbahnhof. Diese Konstellation ist mit Sicherheit eine Herausforderung an beide Partner. Es wird bestimmt nicht alles so glatt laufen. Sie werden miteinander verhandeln müssen. Wann sie sich zurücknimmt, um ihm eine Chance zu geben und wann er sich mitziehen läßt. Aber das ist heutzutage in allen Beziehungen so. Auch hier ist alles eine Frage der Toleranz.

4. Intro-Frau trifft Extra-Mann

Er hat sie an der Bushaltestelle kennengelernt. Ganz verträumt hat sie an der Wand gelehnt und ihn erst gar nicht bemerkt. Er ist mit fast 60 Sachen auf seinem Rennrad vorbei gerast, in die Bremsen gestiegen und wegen ihr noch einmal umgekehrt. Von der Aktion hat sie nichts mitbekommen. Sie ist richtig zusammengezuckt, als er sie ansprach, so sehr war sie in Gedanken. Als er sie zu einem Kaffee einlud, hat sie dann doch „Ja" gesagt, sich aber lieber einen Kräutertee bestellt. Kaffee regt sie immer so auf. Er fand das alles „total süß". „Meine kleine Träumerin" hat er sie anfangs genannt, als sie sich näher gekommen waren, und sie hat etwas geflötet wie „mein aktiver Held". Doch irgendwann hat es auch hier das erste Mal geknallt. Vielleicht war sie es leid, daß er automatisch die gesamte Planung für das Wochenende oder die Urlaube übernahm. Sie hatte keine Lust mehr, ihm, von einer steifen Brise umweht, vier Wochen lang in Sardinien beim Surfen zuzusehen oder beim Bergsteigen hinter ihm her zu hecheln, wo ihr schon allein von der Höhe schlecht war. Vielleicht wurde auch er irgendwann wütend, weil sie „nie den Hintern hoch kriegt" und schon wieder eine Verabredung verträumt hatte oder erst nach einer Stunde aufkreuzte.

Sie sehen, auch hier sind jede Menge Konflikte angelegt, die sich nach anfänglicher Euphorie herstellen können.

Egal wie ähnlich oder unterschiedlich Ihre Temperamente sind, der eigentliche Knackpunkt ist nicht ihr (oder sein) Wesen, sondern wie weit Sie beide in der Lage sind, Kompromisse einzugehen und Konflikte fair zu entschärfen.

Mythen und das Taylor-Prinzip

Es ist ein scheinbar unausrottbarer Mythos, daß da draußen irgendwo unser passendes Gegenstück herumläuft. Der Seelenverwandte, der Gleichgesinnte, der für uns gebacken wurde, den wir nur finden müssen. Mit dem wir dann glücklich sind, bis daß der Tod uns scheidet.

Es ist ein ebensolcher Mythos, daß wir es sofort erkennen, wenn wir den richtigen Partner treffen: „Der ist es und kein anderer."[53] Daß es ihm unweigerlich genauso geht, wir aufeinander zulaufen und miteinander im nächsten Standesamt verschwinden.

Leider gehören diese Mythen in die gleiche Schublade wie Osterhasen und Weihnachtsmänner.

Eine Partnerschaft ist kein Fertigprodukt, das man kauft, zu Hause aufstellt und gelegentlich abstaubt. Eine Partnerschaft ist vielmehr wie ein Bausatz, der noch dazu mit einer mangelhaften Gebrauchsanweisung geliefert wird. Oft genug liegt auch gar keine dabei, und Sie müssen ganz alleine sehen, wie Sie Ihre Beziehung zusammen basteln. Ein wenig Hilfestellung versuchen wir mit diesem Buch zu geben, aber den Rest müssen Sie selbst anpacken.

Sie sind anderer Meinung?

Sie sind nach wie vor der festen Überzeugung, daß ER da draußen irgendwo herumirrt und nur noch gefunden werden will.

Vermutlich ist Liz Taylor auch Ihrer Meinung und hofft darauf, daß der neunte Gatte endlich der Richtige sein wird, nachdem sie Ehemann Nr. 8, Trucker Larry Fortensky, mit etwas über einer Millionen Dollar abgefunden hat.

Wollen Sie wirklich nach dem Taylor-Prinzip leben und einen nach dem anderen in die Wüste schicken, wenn er nicht spurt oder sich erste Schwierigkeiten einstellen?

Und vergessen Sie nicht, Frau Taylor hat ein paar Millionen im Hintergrund, die es ihr vermutlich etwas erleichtern, auch mit 70 Jahren oder 100 Kilo erfolgreich auf die Pirsch zu gehen. Der eine oder andere Mann wird sich vom Charme des Geldes (und der Lady) schon bestechen lassen.

Soll das Ihre Zukunft sein?

Ist es nicht sinnvoller, Prinzip Hoffnung oder Prinzip Taylor aufzugeben und statt dessen mit Frust und Konflikten umgehen zu lernen?

Abgesehen davon: Es ist keine Kunst, sich zu verlieben, wenn alles perfekt erscheint. Denken Sie sportlich, und werfen Sie nicht gleich die Flinte ins Korn, wenn es nicht mehr so glatt geht.

Werden Sie Liebeskünstlerin. Und wie in der Kunst ist vieles eine Frage des Übens und Lernens.

Noch ein Einwand?

Sie haben bereits einen wunderbaren Partner gefunden und dieses Buch nur gekauft, um sich ein wenig Aufbauwissen zum Thema Treue anzueignen. Mit Streits haben Sie beiden Glückskinder kein Problem. „Wir verstehen uns ohne Worte", sagen Sie. Wunderbar, wenn Sie mit dem Liebsten am Kamin sitzen oder verträumt in die Wellen starren. Leider komplett unrealistisch, wenn Sie endlich mal nach Italien wollen und er immer schon von China träumte. Da hilft kein Hoffen und kein Schmollen, da müssen Sie leider anfangen zu reden, nicht unbedingt zu streiten, aber zu reden. Denn hier handelt es sich um einen klassischen Interessenkonflikt. Wie Sie doch noch nach Italien kommen und er nach China, verraten wir Ihnen später.

Es gibt da draußen keinen „Richtigen" mit dem alles dauerhaft perfekt läuft. Sie müssen sich auch nicht unglaublich ähnlich sein, um eine gute Partnerschaft zu entwickeln. Und: Liebe allein genügt nicht, ist aber eine hilfreiche Voraussetzung.

Also frisch ans Werk! Holen Sie in Gedanken den Werkzeugkasten raus und packen Sie's an! Streiten kann man lernen.

Kleine Familiensaga, Teil 1:

Angst und Aggression

Vermutlich kennen Sie das Sprichwort „Der Apfel fällt nicht weit vom Stamm". Es ist aus psychologischer Sicht ziemlich treffend und gilt auch für Ihr Konfliktverhalten. Je nachdem, was Sie zu Hause erlebt haben, wie Ihre Eltern miteinander oder mit Ihnen umgegangen sind, werden Sie sich auch in einer Partnerschaft verhalten.

Das heißt nicht zwangsläufig, daß Sie auch prügeln werden, wenn Sie geprügelt worden sind. Es ist allerdings sehr wahrscheinlich, daß solch ein belastender Hintergrund es Ihnen erschweren wird, eine bekömmliche Streitkultur in Ihrer Partnerschaft aufzubauen.

Sie wissen, wie es bei Ihnen zu Hause ablief, aber haben Sie auch eine Ahnung davon, was Ihr Partner für eine Streithypothek mit sich herumträgt? Wie wäre es, ihn besser verstehen zu lernen? Zu wissen, warum er so reagiert, wie er es tut und was er für einen familiären Streithintergrund hat?

Fragen Sie ihn doch einmal, wie es bei ihm zu Hause lief? Wie seine Eltern gestritten haben? Wie Ihr Partner behandelt wurde? Und erzählen Sie von Ihrer Familie.

Es geht nicht darum, mit Ihrem Partner pseudotherapeutische Seelenschürfungen zu veranstalten, aber je besser Sie sich kennenlernen, desto besser ist es für Sie beide.

Untersuchungen haben ergeben, daß von Paaren, die sich einer Paartherapie unterzogen haben, nach vier Jahren nur 3% geschieden waren, wenn sie sich über die familiären Hintergründe unterhalten hatten. Allerdings hatten 39% die Scheidung eingereicht, wenn sie „nur" versucht hatten, besser zu streiten.[54]

Wenn Ihr Partner also in einer aggressiven Atmosphäre aufgewachsen ist, reagiert er entweder ähnlich, oder er hat Angst vor jeder Auseinandersetzung.

Stellen Sie sich folgendes Beispiel vor:

Die Familie sitzt beim Abendessen. Plötzlich stößt der Vater sein Glas um. Statt es aufzuwischen oder einen Scherz über seine Ungeschicklichkeit zu machen, brüllt er die Mutter an, weshalb sie es so ungünstig hingestellt hat. Die Mutter bricht in Tränen aus und verläßt den Eßtisch. Die Kinder sitzen wie erstarrt dabei und kriegen vor Angst kaum noch einen Bissen runter. Vater holt sich noch ein Bier, man ißt schweigend zu Ende.

Wenn Sie so einen Hintergrund haben, tendieren Sie wahrscheinlich zu einer der folgenden Reaktionen:

- Sie reagieren mit Angst. Sie haben gelernt, lieber den Mund zu halten und klein beizugeben, da sonst alles nur noch schlimmer wird (Prügel, Hausarrest etc.) Sie werden etwas ähnliches denken wie: „Oh Gott, bloß keinen Streit! Hoffentlich explodiert er nicht." „Ich mach ja alles, was du willst."
- Sie reagieren mit Wut, um sich selbst zu schützen. Ihre Strategie lautet „Angriff ist die beste Verteidigung". So hilflos wie als Kind wollen Sie sich nie wieder fühlen. So wie Ihr Vater darf Ihnen keiner mehr kommen. Folglich werden Sie im Konfliktfall relativ schnell in die Luft gehen. „Komm mir bloß nicht so, du, du . . ." „Das laß ich mir nicht bieten, nicht von einem wie dir . . ."

Beziehungskiller Angst

Frühe Familienerfahrungen beeinflussen unser Verhalten in der Partnerschaft. Folgende drei Fragen können Ihnen helfen, die frühen Familienmuster besser zu verstehen.

1. Was ist meine größte **Angst** in einer Partnerschaft? Z. B.: Ich habe Angst, verlassen zu werden. Ich habe Angst, dominiert zu werden. Ich habe Angst, betrogen zu werden.

2. Was ist mein größter **Wunsch** in einer Partnerschaft? Z. B.: Ich sehne mich nach Nähe und Sicherheit. Ich sehne mich nach Verständnis. Ich möchte geliebt und begehrt werden.

3. Welches **Verhalten** kann sich aus dem gleichzeitigen Bestehen von Ängsten und Wünschen ergeben? Z. B.: Ich habe Angst, verlassen zu werden, daher kontrolliere ich den Partner und bin mißtrauisch. Mein Partner wiederum ist genervt, weil er sich überwacht und eingeschränkt fühlt, er geht auf Distanz. Je mehr er sich zurückzieht, desto mehr versuche ich, ihn zu kontrollieren.

   Im schlimmsten Fall führt diese Verquickung von Kontrolle und Distanzwünschen zur Trennung.

Kleine Familiensaga, Teil 2:

Alles Verhandlungssache

Sie haben oben bereits einiges über die Bedeutung der Streitkultur gelesen, die Sie aus Ihrer eigenen Familie mitgebracht haben. Versetzen Sie sich noch einmal zurück in Ihre Kindheit.

Haben sich Ihre Mutter und Ihr Vater ständig gegenseitig kritisiert? Es waren vielleicht keine lautstarken Auseinandersetzungen, sondern ewige kleine Sticheleien. Der Werbespruch „Endlich mal nichts zu meckern", war in ihrem Elternhaus unbekannt. „Du immer mit deinem . . ." oder „Nie machst du was richtig" oder „Na, ist ja mal wieder typisch, du wieder . . ." sind Ihnen so vertraut wie das tägliche „Guten Morgen".

Vielleicht gab es auch einen Elternteil, welches in unregelmäßigen Abständen auf den Putz gehauen hat. Dessen Ausbrüche Sie gefürchtet haben, weil es Scherben oder sogar Hiebe, in jedem Fall aber Tränen gab. Vielleicht traf es nicht sie, aber Ihre Mutter oder den Bruder, und Sie waren hilflose Zeugin.

Vielleicht wurde bei Ihnen zu Hause auch nicht offensiv gestritten, sondern unterschwellig. Mutter hatte oft Migräne und hat tagelang nicht mit Ihnen oder Ihrem Vater gesprochen. Oder der Vater kam nach Hause und verschwand umgehend im Hobbykeller, aus dem er bis zur „Tagesschau" nicht mehr auftauchte und ab dann auch nicht mehr ansprechbar war. Es fielen keine lauten Worte, aber auch keine netten. Es wurde überhaupt kaum miteinander geredet.

Vielleicht hatten Sie auch das Glück, in einem Elternhaus aufzuwachsen, in dem es nie Streit gab. Aber haben Sie sich schon mal gefragt, auf wessen Kosten diese Harmonie zustande kam? War es Ihre Mutter, die „um des lieben Friedens willen" immer klein beigab oder war es Ihr Vater, der kaum zu Hause war, meistens beruflich unterwegs war und im Zweifelsfall nachgab?

Wenn Sie solche oder ähnliche Verhaltensmuster aus Ihrer Kindheit kennen, ist es mehr als wahrscheinlich, daß Sie ähnliche Verhaltensweisen in die eigene Partnerschaft einbringen. Sie ahmen unbewußt die elterlichen Vorbilder nach oder Sie haben eine Strategie der Konfliktvermeidung entwickelt und sagen zu allem „Ja und Amen".

Beides ist nicht besonders bekömmlich für eine dauerhafte treue Beziehung.

Wenn Ihre Eltern eine wirklich harmonische Partnerschaft hatten und Ihnen faires Konfliktverhalten vorgelebt haben, kann man Sie nur beglückwünschen.

Wenn Sie also bereits eine begnadete Diplomatin sind und Konflikte in der Partnerschaft ruhig und freundschaftlich regeln, können Sie die folgenden Passagen überspringen. Dann haben Sie bereits die besten Voraussetzungen für eine dauerhafte Beziehung. Wieso sollten Sie oder Ihr Partner fremd gehen, wenn zu Hause Harmonie herrscht und Sie eine wunderbare Streitkultur haben?

Streitkultur oder Schlagabtausch?

Sie sind sich nicht so sicher, wie Ihre persönliche Streitkultur ist? Dann lesen Sie sich die folgenden Fragen durch:

Checkliste: Streitkultur

- Die Nachbarn sind immer bestens über Ihr Liebesleben informiert, weil Sie Ihre Konflikte brüllend austragen.
- Sie kaufen die Tassen lieber gleich im Doppelpack, weil Sie wissen, daß Sie beim nächsten Streit mindestens eine zerschmettern werden.
- Das erste Wort, das Ihr Sprößling von sich gab, war nicht „Mama" oder „Papa", sondern „Trottel".
- Sie haben ein großes Repertoire an Schimpfworten und scheuen sich nicht, sie Ihrem Partner lautstark um die Ohren zu hauen.
- Brüllen ist Ihnen zu primitiv, Sie sind ganz Dame und verlassen schweigend den Ort der Auseinandersetzung.
- Wenn er nicht so will wie Sie, kochen Sie ihn weich, indem Sie tagelang nicht mit ihm reden.
- Sie wissen, daß er ein paar wunde Punkte hat und in diesen bohren Sie gnadenlos, wenn er sich weigert, Ihre Meinung zu übernehmen.
- Sie drohen ihm mit Liebesentzug und setzen diesen auch rigoros ein. In den nächsten Wochen kann er sich Sex abschminken.
- Nach einer Auseinandersetzung versuchen Sie, ihn mit anderen Männern eifersüchtig zu machen.
- Sie haben nie Streit und geben immer sofort nach, wenn Ihr Partner etwas will.
- Sie haben immer einen Eisbeutel im Gefrierfach, den Sie Ihrem Partner gerne leihen, damit er das blaue Auge kühlen kann, das Sie ihm geschlagen haben. Manchmal brauchen Sie den Beutel auch selbst.

Haben Sie eine oder mehrere der Fragen mit ja beantwortet oder zumindest gedacht, nicht ganz so schlimm, aber ähnlich? Dann lohnt es sich vermutlich, ein bißchen mehr über Konflikte zu erfahren.

Man lenkt wie man denkt

Sie haben bestimmt schon den Spruch gehört: „Man ist, was man ißt." Wie sinnvoll er ist, läßt sich schwer beurteilen, zumindest manchmal scheint er zuzutreffen. Was sich fast immer bewahrheitet, ist allerdings der Spruch: „Man lenkt wie man denkt."

Damit ist gemeint, daß Ihre Gedanken Ihr Handeln beeinflussen. Daß Ihre sogenannten inneren Monologe ganz erheblichen Einfluß darauf haben, wie Sie sich verhalten.

Wenn Sie sich beispielsweise dauernd sagen: „Oh Mann, dieser Typ, stellt sich wieder an wegen ein bißchen Schnupfen. Dieser Hypochonder. Wir Frauen müssen Kinder kriegen, und er spielt den Leidenden wegen einer Rotznase." Sie können sich vermutlich vorstellen, daß Ihre innere Einstellung Ihnen auf dem Gesicht geschrieben steht. Unter Umständen entwischt Ihnen auch noch ein Satz wie: „Soll ich den Notarzt rufen oder gleich den Leichenwagen?" Ihr leidender Partner findet das vermutlich gar nicht witzig, und wenn Sie Pech haben, entwickelt sich trotz seiner Triefnase eine heftige Auseinandersetzung.

Positiver wäre gewesen zu denken: „Naja, typisch Mann, eine kleine Erkältung und schon ist er leidend. Wollen wir ihn mal ein bißchen bemuttern. Er ist mir gegenüber ja auch immer ganz besorgt."

Sie können immer davon ausgehen, daß Ihr Denken auch Ihr Verhalten beeinflußt. Es lohnt sich, darauf zu achten.[55]

Wie wäre es mit einem kleinen Gedanken-Check:

„Was denke ich?", „Wie denke ich an den Partner?", „Was denke ich in Streßsituationen?"

Folgende Gedankenkategorien können dazu beitragen, eine gereizte streitbare Grundstimmung zu schaffen:

Persönlichkeits-Pauschalurteile

Das heißt, Sie verurteilen Ihren Partner in Gedanken nicht für eine einzelne Tat, sondern sprechen ihn pauschal mit seiner ganzen Persönlichkeit schuldig:

Er legt sich mit einer Erkältung ins Bett, Sie denken: „Ein Hypochonder wie er im Buche steht."

Er hat den Müll nicht runter getragen. Sie denken: „Typisch, er ist durch und durch egoistisch und rücksichtslos, er denkt immer nur an sich."

No future-Gedanken

Sie stellen in einer Auseinandersetzung schnell die Zukunft Ihrer Partnerschaft in Frage.

Sie haben Probleme, sich über Ihren Urlaubsort zu einigen und denken: „Das wird doch sowieso wieder nichts. Mit dem Mann kann das kein schöner Urlaub werden. Mit dem Mann kann das überhaupt nie was werden."

Sie werfen bei Konflikten schnell die Flinte ins Korn nach dem Motto: „Das hat doch keinen Sinn mit uns" oder setzen Ultimaten: „Wenn wir es bis zu meinem Geburtstag nicht geschafft haben, uns nicht mehr so viel zu streiten, dann trennen wir uns."

Alles oder Nichts-Gedanken

Diese Gedanken gehen in eine ähnliche Richtung wie die vorherigen. Sie setzen sich mit dem Partner auseinander und denken „Nie denkt er an mich, immer nur an sich" oder „Ist ja wieder typisch. Er immer mit seinem Sicherheitsfimmel."

Verbannen Sie also:

- die Worte „immer" und „nie" aus Ihrem Konfliktgedankenschatz.
- Pauschalurteile nach dem Motto: „Ist ja wieder typisch, du mit deinem . . .", „Nie machst du . . ." Sie sind ebenso destruktiv.
- Alles-oder-nichts-Gedanken

Pluspuffer

Folgende Tips können zur Entschärfung einer Konflikt-situation und zur Schaffung einer ausgeglichenen Stimmung beitragen. Sie schaffen damit eine Pufferzone.

Positives Denken

Denken Sie positiv über Ihren Partner.

Schließlich sind Sie keine Masochistin und leben freiwillig mit einem Monster zusammen.

Denken Sie an seine netten Seiten. Er hat doch bestimmt Qualitäten, also denken Sie immer wieder mal daran. „Toll, wie er mit den Kindern umgeht." oder „Klasse, wie begabt er in handwerklichen Dingen ist. Da braucht man wirklich kein Geld für Handwerker ausgeben." „Süß, daß er mir immer wieder Blumen mitbringt."

Wenn Ihnen partout keine positiven Seiten einfallen, gehen Sie über zum Kapitel „Krisenmanagement". Sie sollten eine Trennung oder einen Therapeuten in Erwägung ziehen.

Nachsicht

Üben Sie Nachsicht!

Was bringt es Ihnen, wenn Sie ihm „Hypochonder" an den Kopf knallen? Nichts als Streß! Sie sollen zwar nicht heucheln oder falsches Mitleid vorspielen, aber etwas Diplomatie oder vornehme Zurückhaltung kann manchmal ganz hilfreich sein. Er ist auch nur ein Mensch mit seinen kleinen Macken. Schmunzeln Sie heimlich darüber. Wenn es Ihnen hilft, denken Sie an Ihre eigenen Schwächen. Nobody is perfect!

Rollenwechsel

Versetzen Sie sich in seine Lage.

Bevor Sie ihn beschimpfen und sich über seine Marotten aufregen, versuchen Sie kurz innezuhalten und sagen sich „Stop, kurze Pause! Wie würde ich mich fühlen, wenn er mir das oder ähnliches sagen würde?" Wenn er Sie als „Hypochonder" bezeichnet, während Sie sich gerade mit Periodenkrämpfen winden? Das fänden Sie vermutlich auch nicht so gut und würden unter Umständen trotz Ihrer Schmerzen Ihre letzten Kräfte mobilisieren, um sich aufzuregen.

Auch wenn dieser kleine Exkurs in die Familienpsychologie nur ganz an der Oberfläche bleibt, kann er Ihnen dennoch nützen. Er kann Ihnen Anregungen geben, ein wenig besser zu verstehen, weshalb Sie oder Ihr Partner immer wieder nach Schema F reagieren.

Wenn Sie einen Blick in Ihre Vergangenheit geworfen haben und sich Ihren familiären Hintergrund bewußt gemacht haben, können Sie leichter erkennen, welche Probleme und wunde Punkte Sie heute in die Partnerschaft einbringen und welche Ängste und Wünsche sich dahinter verbergen.

Sie fühlen sich vielleicht Ihren Aggressionen nicht mehr so ausgeliefert, wenn Sie wissen, woher sie kommen. Sie haben vielleicht auch ein bißchen mehr Verständnis für Ihren Partner, wenn er aufbraust.

Sie verstehen vielleicht besser, weshalb Sie depressiv werden, Ihre anklagende Leidensmiene aufsetzen und sich in Ihren Schmollwinkel zurückziehen oder weshalb der Partner sich einigelt. Das heißt nicht, daß Sie das alles hinnehmen müssen. Sie brauchen sich nichts schön zu reden. Aber es ist spannend und wichtig, daß Sie und Ihr Partner etwas dazu- oder nachlernen, was Ihnen zu Hause keiner beigebracht hat. Es ist nicht einfach, aber es geht. Sie können Streiten lernen und immer wieder üben. Zu verstehen, welche Hintergründe ein Streit eigentlich hat, ist nur ein kleiner hilfreicher Schritt in die richtige Richtung, der oftmals wiederholt werden muß.

Ring frei oder Streiten wie die Profis

Stellen Sie sich folgende Situation vor:

Sie sitzen mit Ihrem Partner zusammen und möchten den nächsten Urlaub planen. Ihr Traumziel ist Italien. La dolce vita. Pizza, Pasta und Chianti. Rom, ewige Stadt, Arena di Verona, Florenz, da kommen Sie ins Träumen. Wer kann das schon ablehnen? Wer hätte es gedacht, Ihr Partner kann. Italien? Niemals. Er möchte endlich mal nach China: Peking-Ente, Sichuan-Hühnchen, Stäbchen. Einmal die große Mauer sehen, auf den Spuren des letzten Kaisers wandeln, in die älteste Kultur eintauchen. Sie sind wie vor den Kopf geschlagen. China? Er hatte schon mal so etwas verlauten lassen, aber doch nicht in diesem Urlaub. China? So weit weg. Nichts dolce vita und schon gar nicht Dolce und Gabbana. Vor Ihrem geistigen Auge sehen Sie ungeahnte Strapazen auf sich zukommen. Menschenmassen in Maouniformen, die versuchen, Sie mit Fahrrädern zu überrollen. Reiskörner, die sich Ihrem Stäbchen konsequent verweigern und Sie an den Rand des Hungertodes bringen und Straßenschilder, gegen die Ihnen böhmische Dörfer geradezu vertraut erscheinen. Im Geiste beginnen Sie, die Messer zu wetzen. China gegen Italien. Die Arena ist eröffnet. Sie sind zwei Gladiatoren. Der bessere soll gewinnen.

An dieser Stelle würde ein geschulter Paartherapeut einschreiten und die rote Karte schwenken. Stop, so nicht! Ihre Partnerschaft ist kein Ringkampf und schon gar keine Arena. Bauen Sie den Sparring wieder ab und ziehen Sie die Boxhandschuhe wieder aus. Konfliktmanagement ist das Stichwort. Fighten Sie wie die Profis und nicht wie die Gladiatoren im alten Rom. Womit wir wieder beim Thema wäre. Rom oder Peking?

Konflikte klassisch lösen

Der Klassiker unter den Konfliktlösungsmodellen ist nach wie vor das von Thomas Gordon.[56]
Er hat ein Sechsschritte-Modell entwickelt, das bei diesen „Entweder-Oder"-Konfikten sehr hilfreich sein kann. Es sieht folgende Schritte vor:

● Formulieren Sie das Problem als Bedürfnis.
● Sammeln Sie Lösungsvorschläge.
● Wählen Sie die beste(n) Lösung(en) aus.
● Überlegen Sie, wie Sie die Lösung umsetzen können.
● Setzen Sie die Lösung in die Tat um.
● Überprüfen Sie das Ergebnis.

Dieses Modell versucht, den wildwüchsigen Streit zu strukturieren und zu einer sachlichen Diskussion werden zu lassen.
Hierbei sind ein paar Voraussetzungen ganz nützlich:

Nehmen Sie sich Zeit

Es macht wenig Sinn, dieses Modell durchspielen zu wollen, wenn in fünf Minuten die Sportschau beginnt oder Sie in zehn Minuten Besuch bekommen.
Sie sollten etwa eine halbe Stunde veranschlagen, damit Sie in Ruhe zu einer Lösung kommen können und einigermaßen entspannt sind.

110

Bleiben Sie nüchtern

Es macht ebenfalls wenig Sinn, wenn Sie bei einem Konfliktlösungsversuch drei Flaschen Wein leeren. Sie haben vielleicht den Eindruck, daß Sie danach beim Brainstorming ungeheuer kreativ sind, das täuscht aber im allgemeinen. Zum einen kann man Ihre Schrift kaum noch lesen und ob Sie in der Lage sind, nach einer einvernehmlichen Lösung zu suchen, darf bezweifelt werden. Also betrinken Sie sich hinterher, wenn es Ihr dringendes Bedürfnis ist, und behalten Sie während der Konfliktlösung einen klaren Kopf.

Geben Sie Feedback

Sinn des Ganzen ist es, eine gemeinsame Lösung zu finden und nicht den Partner von der eigenen favorisierten Meinung zu überzeugen. Also denken Sie partnerschaftlich und geben Sie Feedback. Das heißt, reagieren Sie auf die Vorschläge Ihres Partners und schweigen Sie nicht. Sie wollen doch eine gemeinsame faire Lösung finden und nicht durch Mauern oder Maulen das Ganze von vornherein zum Scheitern verurteilen.

So, jetzt aber ran an die Konfliktlösung.

1. Formulieren Sie das Problem als Bedürfnis

Statt zu sagen „Ich will aber nach Italien!", könnten Sie formulieren „Ich habe das Bedürfnis nach Entspannung, ein bißchen Kultur und Genuß. Mein Hauptbedürfnis ist Erholung". Ihr Partner wird zum Thema China vielleicht folgendes äußern: „Ich habe das Bedürfnis, einmal eine ganz andere Kultur kennenzulernen, richtig weit weg zu fliegen und auf ganz andere Gedanken zu kommen."

Als gemeinsamen Nenner haben Sie beide zumindest Kultur, in Ansätzen auch Abschalten und „auf andere Gedanken kommen".

Zumindest haben Sie so Ihre Bedürfnisse formuliert, die hinter den Urlaubszielen liegen und dadurch dem aufkommenden Streit die Spitze genommen. Dadurch, daß Sie Ihr Ziel als Bedürfnis formuliert haben, nehmen Sie dem Ganzen die Schärfe eines Machtkampfes. Außerdem haben Sie Ihr Anliegen als sogenannte Ich-Botschaft formuliert. Auch dies ein Klassiker der Konfliktvermeidung, welcher die Aussage zur persönlichen Meinung hin abfedert und das vorwurfsvolle „Du" vermeidet.

Gehen wir zum zweiten Schritt.

2. Sammeln Sie Lösungsvorschläge

Hierbei sollten Sie einfach „brainstormen". Das heißt, Sie schreiben all das auf, was Ihnen in den Kopf kommt, ohne es zu bewerten, vor allem nicht die Vorschläge des Partners. Wenn Ihr Partner also mit dem „Brainstorming"-Vorschlag kommt: „Dann fahren wir erst eine Woche nach Italien und fliegen von Rom aus für zwei Wochen nach China", sollten Sie nicht rufen „So ein Schwachsinn, hast du im Lotto gewonnen oder was? Das ist ja viel zu teuer und außerdem zu stressig". Beißen Sie sich auf die Lippen und denken Sie positiv: „Was für ein großzügiger Mann mit der Seele eines Weltenbummlers. Ihm fehlt nur das nötige Kleingeld" und schreiben den Vorschlag auf. Schränken Sie sich auch selbst nicht ein. Nehmen Sie die Schere aus dem Kopf und spinnen Sie. Unter 10 Vorschlägen sind vielleicht neun unrealistisch oder „idiotisch", aber einer „super" und umsetzbar. Nur wäre dieser ohne die neun anderen wahrscheinlich gar nicht zustande gekommen.

Selbst große Unternehmen wenden diese Brainstorming-Praxis als Problemlösungsmodell an, um ihre Mitarbeiter dazu zu bewegen, ohne Kritik und Chefeinspruch Ideen zu entwickeln.

Vergleichen Sie das Brainstorming mit der Pariser Haute Couture. Die wilden Modelle der Modepäpste würden Sie vermutlich niemals tragen, aber ohne diese Wildheit gäbe es auch die abgemilderte Form des todschicken Kostüms in Ihrem Lieblingskatalog nicht.

Also haben Sie die Schere nicht schon im Kopf, sondern lassen Sie alles raus, was Ihnen spontan einfällt:

„Nach Italien fahren und dort chinesisch essen gehen", „Mit 'ner Flasche Chianti nach China fliegen", „Im Frühjahr zwei Wochen in die Toskana und im Herbst eine 10-tägige Chinarundreise", „Mit Alitalia über Rom nach Peking", „Nach Thailand, da gibt's auch Sonne, gutes Essen und Kultur", „Zu Hause bleiben, Balkonien genießen und weiter sparen für die richtig große Reise". Es fallen Ihnen bestimmt noch jede Menge Vorschläge ein. Sammeln Sie ein paar Minuten lang und wenn nichts mehr kommt, machen Sie Schluß. Grübeln Sie nicht endlos weiter. Der Sinn des Brainstormings ist die Spontaneität.

Jetzt können Sie die Vorschläge ordnen.

3. Wählen Sie die besten Lösungen aus

Am besten nehmen Sie einen Marker oder einen Rotstift und malen ein Plus oder ein Minuszeichen hinter die Vorschläge, die für sie beide am passendsten sind. Sie sollten das unabhängig voneinander machen. Jetzt treffen Sie sozusagen eine realistische Auswahl unter Berücksichtigung von Geldbeutel, Kindern, Haustieren, vor allem aber der gemeinsamen Bedürfnisse. Sie erinnern sich: Kultur und Ablenkung vom Alltag.

Gehen Sie die Vorschläge mit gemeinsamen Pluszeichen durch und überlegen Sie in Ruhe, welche Lösung am praktikabelsten ist. Je nach Geldbeutel könnte es im Frühjahr Italien, im Winter China sein. Vielleicht haben Sie sich aber auch darauf einigen können, daß Sie in diesem Jahr wirklich nach Italien fahren, weil es nicht so viel Vorbereitung bedarf und für das nächste Jahr die große Chinareise planen, auf die Sie sich gemeinsam in Ruhe vorbereiten wollen.

4. Überlegen Sie, wie Sie die Lösung umsetzen können

Gehen wir mal davon aus, daß Sie sich auf dieses Jahr Italien, nächstes Jahr China geeinigt haben. Überlegen Sie, wie Sie den Plan umsetzen können. Vielleicht müssen Sie Ihr Italienbudget etwas knapper kalkulieren, um sich im nächsten Jahr China leisten zu können. Vielleicht fahren Sie daher mit dem Auto und buchen ein günstiges Apartment. Vielleicht wohnen Sie nicht im Zentrum der teuren Großstädte, sondern etwas außerhalb, gönnen sich aber wenigstens ein original italienisches Abendessen zum Abschied.

Sie können in Ihre Planung beispielsweise integrieren, sich ein chinesisches Kochbuch zu kaufen und zu lernen mit Stäbchen umzugehen. Sie können sich auch in der Bücherei einen Reiseführer über China ausleihen, um sich das ferne Land schon mal ein bißchen schmackhaft zu machen. In jedem Fall sollten Sie so konkret wie möglich werden und auch die Aufgabenverteilung bzw. die Terminplanung festlegen.

5. Setzen Sie die Lösung in die Tat um

Das ist der wichtigste Schritt. Belassen Sie es nicht bei Lippenbekenntnissen, vor allem nicht, wenn es um andere Punkte als um die Reiseplanung geht. Bei der Urlaubsvorbereitung ist es noch relativ einfach, die Umsetzung voranzutreiben. Die entsprechenden Anrufe bei Fremdenverkehrsämtern und Reiseveranstaltern sind unproblematisch zu erledigen. Sofern Sie jedoch versuchen sollten, andere Partnerschaftskonflikte mit Hilfe des Gordon-Modells zu lösen, ist dieser Schritt schwieriger zu verwirklichen und um so entscheidender. Damit Ihre Planung nicht zum Lippenbekenntnis verkommt, sollten Sie auch den 6. Punkt festlegen.

6. Überprüfen Sie das Ergebnis

Machen Sie sich die Mühe und überprüfen Sie die Ergebnisse, die sie unter Punkt vier formuliert haben. Haben Sie schon die Tickets, haben Sie einen Reiseführer etc.? Sofern es um ein anderes partnerschaftliches Problem ging, überprüfen Sie auch hier die gemachten Schritte. Haben Sie beispielsweise gemeinsame Aktivitäten geplant? Haben Sie sich beide bei der Volkshochschule zum Italienischkurs angemeldet? Nehmen Sie sich die Zeit und überprüfen Sie die Ergebnisse.

Das Ganze ist ja ganz nett, hat sich Herr Gordon prima ausgedacht, sagen Sie, aber bei uns läuft das ganz anders. Zum Hinsetzen kommen wir gar nicht erst, da fliegen vorher schon die Fetzen. Leider haben Sie recht, und oftmals entwickelt sich eine Auseinandersetzung mit einer derart furiosen Eigendynamik, daß man zur hübschen Sechs-Punkte-Profi-Lösung gar nicht mehr kommt. Da ist die kultivierte Problemlösung trotz allen guten Willens schnell wieder zum „wilden Streit" verkommen. Doch selbst beim informellen Streitgespräch, also bei der guten alten Auseinandersetzung können Sie versuchen, ein paar Regeln zu beherzigen.

Am besten schreiben Sie diese auf und packen Sie sich unter das Kopfkissen.

Schonzeit für wilde Streiter

Stop statt Flop

Beenden Sie den Streit, bevor er aus dem Ruder läuft. Bevor Sie anfangen, richtig zu kochen und unter der Gürtellinie anzusetzen, unterbrechen Sie. Drehen Sie eine Runde um den Block. Gehen Sie in Ihre Schmollecke. Werfen Sie sich auf Ihr Bett und prügeln Sie Ihr Kissen. Gehen Sie sich in jedem Fall aus den Augen. Hiermit ist nicht gemeint, die Flucht zu ergreifen und in der nächsten Kneipe zu versacken, bei einer Freundin zu übernachten oder zu einem amourösen Abenteuer aufzubrechen. Sie erinnern sich, es geht um Treue und um faire Streitkultur. Also, Sie unterbrechen den Streit nur, damit er nicht eskaliert. Dies teilen Sie ihrem Partner auch mit. Es ist dann an Ihnen, die Auseinandersetzung wieder aufzunehmen. Lassen Sie nicht zuviel Zeit verstreichen, aber genügend, um wieder einen kühleren Kopf zu bekommen. Idealerweise nehmen Sie diesen Konflikt nicht mit ins Bett, wenn es jedoch nicht anders geht, versuchen Sie es lieber am nächsten Tag nochmal nach dem Sechs-Punkte-Modell.

Keine Gewalt, kein Gepöbel

Auch wenn es Ihnen schwer fällt und Sie es von zu Hause nicht anders kennen, werden Sie nicht handgreiflich und brüllen Sie Ihrem Partner keine Beschimpfungen entgegen. Schonen Sie auch Ihr Geschirr und ersparen Sie sich die lästige Aufwischarbeit von zerplatzten Tomaten oder schmierig-klebrigen Eiern an der weißen Tapete. Anstatt etwas auf Ihren Partner zu werfen, können Sie für sich alleine – im nötigen Abstand zum Partner – Boxbewegungen machen. Das löst die innere Anspannung und sieht ziemlich idiotisch aus, so daß Sie vielleicht selbst darüber lachen müssen.

Drohen Sie nicht mit Trennung

Es ist eine beliebte Form in der Auseinandersetzung, die sogar in Sketchen persifliert wird. „Ich gehe zurück zu meiner Mutter." Diese Drohgebärden sind wenig sinnvoll und ebenso wenig wirksam. Im Eifer des Gefechts wird die Antwort vermutlich „Dann geh' doch" sein, kann unter Umständen aber im Wiederholungsfall zu einer selbst erfüllenden Prophezeiung[57] werden. Und wenn nicht, verlieren Sie an Glaubwürdigkeit.

Vermeiden Sie Unterstellungen

Versuchen Sie nicht, die Beweggründe Ihres Partners selbst festzulegen. „Das hast du mit Absicht gemacht, du Schuft. Du hast dir extra Zeit gelassen und bist wieder zu spät zu unserer Verabredung gekommen." Die meisten Menschen schalten in diesem Fall auf stur, und Sie fahren sich fest.

Fressen Sie nichts in sich hinein

Wenn Sie etwas ärgert, dann versuchen Sie, es gleich auf den Tisch zu bringen. Sprechen Sie das Problem an. Wenn Sie erst gute Miene zum bösen Spiel machen und unvermutet nach drei Stunden wegen einer anderen Sache explodieren, ist es für den Partner oft schwer, damit umzugehen. Besonders dann, wenn Sie eine Salve von aufgestauten Vorwürfen auf ihn abfeuern. „Kann es sein, daß du vergessen hast, Brot zu kaufen?" ist eine einfache Frage, die Ihr Partner vielleicht mit „Mist, habe ich vergessen, ich fahre schnell zur Tankstelle und kaufe welches" beantworten wird. Wenn Sie es jedoch murrend registrieren, nichts sagen und anfangen innerlich zu addieren: Brot vergessen, Butter von der falschen Seite angeschnitten, Video vergessen aufzuzeichnen . . . ist es eine Frage der Zeit, wann Sie ihn unter Beschuß nehmen. Vielleicht auch noch mit den Unworten „immer" und „nie".

Werden Sie konkret

Sagen Sie Ihrem Partner genau, was Sie stört. Verlassen Sie sich nicht darauf, daß er es schon erraten wird. Wenn Sie es schade finden, daß er Ihnen nie Blumen mitbringt, sagen Sie es ihm. „Liebling, ich würde mich unheimlich freuen, wenn du mir mal Blumen mitbringen würdest." Vielleicht wird er antworten „Was, diese tote Biomasse findest du gut?" Sagen Sie „ja", und wenn er nicht völlig ignorant ist, wird er Ihnen bei Gelegenheit vielleicht sogar eine einsame

Rose mitbringen. Wenn nicht, freuen Sie sich auch über seinen Kompromiß mit der Topfpflanze. Zumindest wissen Sie nun, daß Sie es nicht persönlich nehmen müssen, sondern er einfach eine andere Einstellung zu Schnittblumen hat.

Unterschätzen Sie auch nicht die Unterschiede zwischen Männer- und Frauensprache. Der Mann reagiert „auf kühle Weisungen, scheinbar sachliche Argumentationsketten, gleichgültige Hinweise auf gegenseitigen Nutzen, hin und wieder unterbrochen – damit er nicht gänzlich gefühlsmäßig verkümmert – durch ein herzhaftes Schulterklopfen. Männer täuschen, um Frauen zu erfreuen, Sensibilität und Sentimentalität vor; Frauen müssen daher, um die Gefälligkeit zu erwidern, Sachlichkeit und Konsequenz ausstrahlen."[58] Aber das nur am Rande.

Diese Streitregeln sind kein Allheilmittel oder ein Geheimrezept für ewige Harmonie. Sie sind nur eine kleine Hilfestellung im streitbaren Miteinander.

Was Sie vor allem brauchen, ist Geduld und eine positive Grundhaltung Ihrem Partner gegenüber. Immer vorausgesetzt, daß er Sie verdient, das heißt, Sie nicht schlägt oder permanent demütigt. Der durchschnittliche männliche Normalneurotiker jedoch hat genau wie Sie ein ausgeprägtes Harmoniebedürfnis und wird nicht absichtlich versuchen, Streits vom Zaun zu brechen. Er wird nicht absichtlich versuchen, Sie schlecht zu behandeln. **Oftmals liegen den partnerschaftlichen Auseinandersetzungen Mißverständnisse zu Grunde, zu hohe Erwartungen oder unausgesprochene Wünsche, die frustriert werden. Also, reden Sie miteinander.**

Es ist mittlerweile eine anerkannte Tatsache, daß die meisten Paare sich deshalb auseinanderleben, weil sie sich nicht genug Zeit nehmen, miteinander zu reden. Das Durchschnittspaar spricht täglich höchstens neun Minuten[59] miteinander. Hierbei werden Äußerungen wie „Wo sind meine Socken?" und „Wann gibt's endlich Essen" vermutlich mit eingerechnet. So stand in einer Emnid-Umfrage, die „Der Spiegel" Anfang 1998 in Auftrag gab, der Wunsch nach „Mehr Gesprächen" mit 47 Prozent an oberster Stelle der Paarbefragung, gefolgt von „Mehr Gemeinsamkeit" (45%), „Mehr Humor" (43%) und „Mehr Zärtlichkeit" (30%). „Mehr Sex" wünschten sich nur ganze 8% der Befragten. [60]

Äußern Sie Ihre Gefühle und teilen Sie Ihre Bedürfnisse mit. Machen Sie aus Ihren Befindlichkeiten kein Ratespiel. Das ist nicht cool oder ladylike, sondern schlichtweg ungeschickt.

Männersache:

Gefühle sind der Schmierstoff in einer Beziehung. Bei Ihrem Auto achten Sie doch auf den Ölstand, damit der Motor keinen Kolbenfresser kriegt.

Bei allen Tips und guten Ratschlägen gilt eine wesentliche Grundregel:

Respektieren Sie einander. Behandeln Sie Ihren Partner nicht schlechter als Ihre beste Freundin, Ihren Hund oder Ihr Auto.

Nach soviel guten Ratschlägen rund um das Thema Streit, noch einmal ein paar „bewährte" Tips von Dr. para. Dox. Damit Sie umgekehrt auch wissen, wie Sie der heimischen Idylle garantiert ein Ende setzen können. Wenn es Ihnen zu langweilig wird mit der ewigen Harmonie, können folgende Verhaltensweisen hilfreich sein, die die Stimmung mal wieder so richtig eskalieren lassen:

Dr. para. Dox rät:

1. Seien Sie unmißverständlich

Verschwenden Sie keine Energie auf Höflichkeiten. Wenn Ihr Partner Sie zum Beispiel um die Zeitung bittet, lehnen Sie schnell, schroff und lautstark ab. Wenn Sie abgeschlagen von der Arbeit kommen und Ihre Ruhe haben wollen, dann hat die Frage Ihres Partners „Schatz, wollen wir ins Kino gehen?" nur eine Antwort verdient „Kein' Bock, und jetzt schwirr ab". Die einzig denkbaren Alternativen wären noch, schweigend auf dem Klo zu verschwinden, den Partner wortlos aus dem Zimmer zu schieben und die Tür zu schließen oder sich umzudrehen und die Wohnung mit den Worten zu verlassen „Laß mich in Ruhe, ich geh' zu Heinz, Fußball gucken".

2. Sparen Sie nicht mit Kritik

Seien Sie bloß niemals unkritisch Ihrem Partner gegenüber. Das wird sofort ausgenutzt. Wenn Sie in der frisch gewischten Küche noch einen Krümel entdecken, weisen Sie unmißverständlich darauf hin. „Nun hast du endlich mal die Küche gewischt und prompt liegen hier noch Krümel rum." Das wird sich sehr motivierend auf weitere Haushaltsaktivitäten Ihres Partners auswirken.
Wozu loben? Das Leben ist nun mal kein Zuckerlecken!

3. Stehen Sie zu Ihrer Laune

Wenn Sie ein Morgenmuffel sind, lassen Sie es raus. Verkrümeln Sie sich wortlos in der Küche hinter Ihrer Zeitung und verdrücken Sie sich ebenso schweigend aus der Wohnung zur Arbeit. Wenn Sie einen anstrengenden Tag hatten, zeigen Sie es unmißverständlich. Wozu hat man denn einen Partner! Wenn Sie dem Chef seine Unverschämtheiten schon nicht

120

direkt heimzahlen konnten, lassen Sie es zu Hause raus. Wenn Sie zur Tür hereinkommen, sollten Sie schon einen entsprechenden Gesichtsausdruck aufsetzen, sich dann vor den Fernseher setzen und sich später im Bett sofort wortlos auf Ihre Seite rollen.

4. Analysieren Sie Ihren Partner

Versuchen Sie sich als Hobbypsychologe. Dieses Buch gibt einige Anregungen. Überraschen Sie Ihren Partner mit Äußerungen wie „Hinter deiner dicken Schminke willst du doch nur deinen Minderwertigkeitskomplex verbergen", oder „Hast du dir eigentlich schon mal bewußt gemacht, daß du deinen Ödipuskomplex noch nicht verarbeitet hast?" Der aufgeklärte Partner wird solche Bemerkungen als wertvolle Anregung verstehen.

5. Vermeiden Sie die berüchtigten Ich-Botschaften

Millionen von Psychologen und Sozialpädagogen können nicht irren. Von wegen! Hauen Sie Ihrem Partner die Meinung direkt um die Ohren. Sonst sagt ihm ja niemand die Wahrheit. „Du bist . . .", „Du hast . . ." usw.

Wenn Sie es schließlich erfolgreich geschafft haben, einen Streit vom Zaun zu brechen, dann versuchen Sie in jedem Fall, als Sieger daraus hervorzugehen
   Kompromisse sind was für Weicheier. Sie sind sportlich. Es geht um Sieg oder Niederlage – im Leben wie im Streit. Beißen Sie sich an einem Argument fest und lassen Sie sich nicht davon abbringen. Wiederholen Sie es unablässig und schalten Sie auf Durchzug bei Gegenargumenten. Halten Sie durch und lassen Sie sich nicht kurz vor dem Einschlafen Kompromisse abringen. Wenn Ihr Partner Sie immer noch nicht verstanden hat, sprechen Sie lauter. Oft muß man dem

anderen die Wahrheit so richtig ins Gesicht schreien, bevor man verstanden wird. Vermutlich ist Ihr Partner schwerhörig und dankbar, wenn er endlich versteht, was Sie von ihm wollen. Keine Kompromisse bitte, das ist Ihre Devise.

Freiheit, die ich meine oder
loslassen können

Sie haben nun gerade mehrere Seiten über Streitkultur gelesen und sind auch wild entschlossen, bei der nächsten Auseinandersetzung fair zu bleiben. Sie denken unheimlich positiv an Ihren Partner und wollen alles daran setzen, ihm treu zu bleiben. Nur wenn der Kerl dann wieder einmal anruft und Ihnen erzählt, er habe spontan beschlossen, mit seinen Kollegen noch auf einen Drink zu gehen, könnten Sie ausrasten. Gut, wenn Sie ein Drei-Gänge-Menü vorbereitet haben, ist Ihre Wut verständlich. Sie haben einen klassischen Konfliktfall und das Vergnügen, am Telefon einen Kompromiß auszuhandeln, zum Beispiel die Kollegen auf Morgen zu verschieben oder das Essen mit einer Freundin zu genießen.

Selbst, wenn Sie nichts Großartiges vorbereitet haben, ist es manchmal gar nicht so einfach, dem Partner seine Freiheit zu gönnen. Die Angst, ausgeschlossen zu werden oder das Mißtrauen, was er/sie denn nun wirklich alleine unternimmt, können quälend sein. Nichtsdestotrotz braucht Treue Freiheit, weil eine gesunde Selbständigkeit beider Partner die Basis der Treue ist.

Wenn Sie sich also – unbegründet – über die bloße Tatsache aufregen, daß Ihr Liebster etwas ohne Sie unternehmen möchte und eine Mischung aus Mißtrauen, Eifersucht und Panik Ihnen die Kehle zuschnürt, hat das unter Umständen etwas mit Ihrer eigenen Biographie zu tun. Jedenfalls ist es einer treuen Beziehung nicht gerade förderlich.

Kleine Familiensaga, Teil 3:

Kindsein und Kontrolle

Wie bereits im letzten Kapitel über Konfliktverhalten, lohnt sich auch beim Thema Freiheit und Kontrolle ein kurzer Blick auf die eigene Vergangenheit. Es wird Ihnen helfen, einige Mechanismen in Ihrer Partnerschaft besser zu verstehen.[61]

Checkliste: Kontrolle

- Sind Sie in einer Familie aufgewachsen, in der ein Elternteil getrunken oder willkürlich geprügelt hat und somit für Sie unberechenbar war?
- Haben Sie sehr früh die Rolle der kleinen Erwachsenen übernommen und sich fast alleine um Geschwister oder um ein (krankes) Elternteil gekümmert?
- und haben versucht, immer alles richtig zu machen, perfekt zu sein, damit Sie die entsprechende Zuwendung bekommen?
  Wenn Sie eine dieser Fragen mit „ja" beantwortet haben, ist es für Sie vermutlich ziemlich schwer, einen Partner „loszulassen", ihm seinen Freiraum zu gönnen.

Sie haben schon als Kind gelernt, eine Rolle zu spielen und sich der familiären Umgebung anzupassen, um nicht mit Prügel oder Liebesentzug bestraft zu werden. Oder Sie wurden in eine Rolle gedrängt, in der Sie Ihre kindlichen Gefühle verstecken und früh vernünftig sein mußten. Durch ein Fehlverhalten Ihrerseits glaubten Sie die Liebe der Eltern oder eines Elternteils aufs Spiel zu setzen.

Sie haben von klein auf gelernt, sich und Ihre Gefühle zu kontrollieren, um nicht bestraft oder verlassen zu werden. Hat man Sie dennoch körperlich oder mit Liebesentzug bestraft, gaben Sie sich selbst die Schuld dafür.

Oft genug fühlten Sie sich hilflos und ausgeliefert. Wenn Sie also heute versuchen, Ihren Partner zu kontrollieren, geschieht dies sehr wahrscheinlich aus dem Gefühl heraus, diese Unsicherheit zu kompensieren. Solange Sie glauben, ihn unter Kontrolle zu haben, fühlen Sie sich einigermaßen sicher. Die Angst, verlassen zu werden, die sehr tief sitzt, wird durch Ihr Kontrollverhalten ein wenig überdeckt. Leider ist es eine Illusion, mit Kontrolle und „Szenen" den Partner wirklich halten zu können. Das Gegenteil ist leider viel wahrscheinlicher. Irgendwann wird es dem ständig kontrollierten Partner zuviel werden. Er wird sich eingeschränkt fühlen. Ihre Überwachung schnürt ihm die Kehle zu. Bei aller Anstrengung, die Sie aufwenden, laufen Sie Gefahr, genau das Gegenteil dessen zu erreichen, was Sie eigentlich wollen. Anstatt seine Liebe dauerhaft und treu zu gewinnen, treiben Sie ihn von sich weg und wenn Sie Pech haben in die Arme einer anderen.

Eine andere Reaktion ist Flucht. Sie wollen niemanden an sich heran lassen, weil es Ihnen bedrohlich erscheint, zu viel von sich preiszugeben. Sie haben Angst, vereinnahmt zu werden und ziehen sofort Ihr Schutzschild hoch, wenn der Partner sich Ihnen nähert. Weil Sie nicht gelernt haben, klare Grenzen zu ziehen, reagieren Sie mit pauschaler Abwehr. Auf körperliche Annäherungsversuche reagieren Sie mit Abweisung, weil Sie vielleicht Opfer eines sexuellen Mißbrauchs waren. Wenn von Gefühlen die Rede ist, werden Sie wütend oder herablassend. Vielleicht gehört es auch zu Ihrer Strategie, sich hinter ewiger Ironie oder Sarkasmus zu verschanzen und jede zärtliche Bemühung des Partners ins Lächerliche zu ziehen.

Sollten Sie sich oder Ihren Partner in diesen Reaktionen wiedererkannt haben, lohnt es sich weiterzulesen und sich ein paar Anregungen zum Thema Kontrolle, Gefühle und Grenzen zu holen.

Kontroll-Strategien

Die Varianten, den Partner an der Kandare zu halten, sind vielfältig. Es geht nicht nur darum, seine Jackentaschen nach Zetteln und Telefonnummern zu durchsuchen, sondern kann sich auch durch konsequentes Schmollen oder übertriebene Fürsorge ausdrücken. Es gibt für Frauen und Männer im wesentlichen je vier Strategien, die Sie verfolgen können, um Ihren Partner bewußt oder unbewußt zu beeinflussen. Zunächst die weiblichen Varianten:

Typ Kaninchen:

Sie lassen den Partner im unklaren darüber, was Sie eigentlich wollen, ziehen sich in Ihre Ecke zurück und schmollen vor sich hin.

Das heißt, Sie reden nicht mit ihm und sitzen mit Leichenbittermiene auf der Couch. Auf die Frage „Was ist denn los?", sagen Sie mit zitterndem schwachen Stimmchen: „Nichts" oder blicken ihn nur mit weidwundem Blick von unten her an.

Soll dieser Schuft, der Ihnen schon wieder keine Blumen mitgebracht hat oder schon wieder die Butter vergessen hat oder nicht an Ihren Hochzeitstag gedacht hat, doch selbst darauf kommen.

Leider erreichen Sie mit dieser Rückzugstaktik auf lange Sicht überhaupt nichts. Irgendwann ist auch der verständnisvollste Partner genervt und Ihre schlimmsten Befürchtungen finden sich bestätigt.

Was hat das mit Kontrolle zu tun, fragen Sie?

Es handelt sich um eine subtile Form. Sie ist eine Mischung aus Selbstschutz und passivem Druck, den Sie auf den Partner ausüben. Vielleicht schmollen Sie zu guter Letzt beide im Bett vor sich hin, jeder strikt auf seiner Seite. Und selbst wenn Sie sich irgendwann erbarmen und sich wieder versöhnen, ist es keine empfehlenswerte Taktik für eine partnerschaftliche Beziehung.

Typ Lämmchen

Eine andere Form der passiven Kontrolle ist Überanpassung. Sie sagen zu allem „ja und amen", Sie schließen sich immer der Meinung Ihres Partners an und vermeiden jede Form der Auseinandersetzung. Sie haben Angst, andernfalls den Widerwillen Ihres Partners zu provozieren. Unterschwellig liegt auch diesem Verhalten der Wunsch zugrunde, den Partner an sich zu binden und kontrollieren zu können. Bloß keine Trennungsgefahr aufkommen lassen, indem man Widerworte gibt. Dieses Verhalten kann eine Weile lang gut gehen, und ein dominanter Partner fühlt sich unter Umständen in der Rolle des Alleinentscheiders recht wohl. Langfristig gesehen ist es jedoch sehr wahrscheinlich, daß es ihm auf die Nerven geht, der ewige Entscheider, Retter und Beschützer zu sein. Vielleicht schlägt es Ihnen selbst sogar irgendwann auf den Magen, wenn Sie immer alles runterschlucken und keine eigenen Bedürfnisse formulieren.

Typ Glucke

Sie sind ständig bemüht, es Ihrem Partner gut gehen zu lassen. Sie legen sich mächtig für ihn ins Zeug. Immer sind Sie bemüht, ihm das größte und beste Stück Fleisch zukommen zu lassen. Sie basteln wochenlang an seinem Geburtstagsgeschenk oder überschütten ihn mit kleinen Aufmerksamkeiten. Sie sprechen jedoch nie ausdrücklich darüber, nur im Innern führen Sie ganz genau Buch, was Sie alles schon für ihn getan haben. Unausgesprochen erwarten Sie, daß Ihr ungeheures Engagement entsprechend gewürdigt wird. Ihr Partner muß es doch ahnen können, oder? Reagiert Ihr Partner nicht mit der entsprechenden Anerkennung, die sie am liebsten immer und immer wieder hören wollen, sind Sie zutiefst verletzt und besteigen innerlich als Jungfrau von Orleans den Scheiterhaufen. Sie sind die Märtyrerin der Liebe, die allein auf weiter Flur ohne Anerkennung verkümmert.

Ihr Kontrollversuch besteht darin, bei Ihrem Partner Schuldgefühle hervorzurufen, um ihn so an der Kandare zu halten.

Es ist eine anstrengende und frustrierende Strategie, die wie die obigen nicht zu empfehlen ist.

Typ Pitbull

Sie toben Ihre Wut aus. Da Sie als Kind nicht gelernt haben, mit Aggressionen umzugehen oder selbst Opfer elterlicher Gewalt waren, bricht nun die ganze Wut ungefiltert über Ihren Partner herein. Sie beißen um sich, um selbst nicht wieder verletzt zu werden, und Ihr Partner ist fast immer an allem schuld. Sie versuchen durch Aggression die Kontrolle über sich und die Situation zu behalten, was auf Dauer ganz sicher nicht glücken kann.

Manchmal trifft es den Falschen, und Sie pöbeln den Postboten an. Vielleicht trauen Sie sich auch nicht, Ihre Aggressionen offen auszuleben, sondern machen dies unterschwellig. Sie nörgeln ewig an Ihrem Partner herum, kommentieren gnadenlos sein Aussehen „Immerhin sieht man unter dieser Schlabberweste deinen dicken Hintern nicht mehr" oder „vergessen" grundsätzlich die Hälfte der Besorgungen, die Ihnen der Partner aufgeschrieben hat. Es liegt wohl auf der Hand, daß auch diese Strategie einer liebevollen treuen Partnerschaft nicht gerade zuträglich ist.

Männersache:

Typ Mister Kimble

Sie sind eigentlich immer auf der Flucht. Ist es nicht die Geschäftsreise, dann Ihr Club oder Ihr Verein. Hauptsache, nicht zu viel Nähe und zuviel Einblick in Ihr Seelenleben. Sobald Ihnen eine Frau zu nahe kommt, nehmen Sie Reißaus. Dadurch haben Sie ein prima Kontrollverfahren entwickelt, indem Sie sie in ständiger Warteposition und auf Distanz halten. Ab und zu rufen Sie mal an, dann melden Sie sich wieder wochenlang gar nicht. Soll Sie ruhig schmoren, das macht sie zahm. Wenn Sie Forderungen an Sie stellt, ist es gleich aus. Dann stellen Sie auch die raren Telefonate ein. Wer jagt Sie eigentlich?

Typ Einsamer Wolf

Untertyp von Mister Kimble. Auch Sie versuchen alles, um Ihre Partnerin nicht zu nahe an sich heran zu lassen und haben eine sichere Fassade um sich herum aufgebaut. Hierdurch scheinen Sie selbst immer die Kontrolle über sich und vor allem auch über Ihre Partnerin zu haben. Sie geben sich unnahbar, sind ein ganz cooler Typ und biken lieber mit Hund und Harley durch die Lande. Vielleicht ziehen Sie der Harley einen Verein vor oder verbringen Ihre Zeit auf dem Sportplatz. Auf alle Fälle ist Ihnen alles lieber, als sich mit lästigem Beziehungsgerede zu befassen. Ihr Traum ist eine einsame Hütte am Fjord. Nur für manche Dinge wie Haushalt oder Sex finden Sie eine Frau ganz brauchbar, aber bloß nicht zu oft.

Typ Pascha

Sie haben gerne alles unter Kontrolle, besonders Ihre Frau. Sie wollen wissen, wo Sie mit wem hingeht und wie und wann sie wieviel Geld ausgibt. Ob Sie der Alleinverdiener sind, spielt keine Rolle. Hier geht es ums Prinzip. Sie wollen bestimmen und alles im Griff haben. Jede Unwägbarkeit würde Sie zutiefst verunsichern und an Ihrem Ego nagen. Eigentlich sind Sie in der falschen Gegend geboren. In den arabischen Emiraten mit einem kleinen Harem wären Sie besser aufgehoben. Dort wäre das mit der Kontrolle auch viel perfekter geregelt.

Mit dieser Strategie haben Sie irgendwann auch die gutmütigste Person weichgekocht.

Typ Pitbull

Siehe oben. Diese Variante ist gerade bei Männern sehr beliebt.

Was nützt mir das Wissen um diese Strategien, fragen Sie?

Sofern Sie sich darin wiedererkannt haben, kann es Ihnen helfen, sich selbst und Ihr gewohntes Verhalten besser zu verstehen. Es kann helfen, zu erkennen, daß es vor allem Ihre eigene Verlustangst ist, die Sie umtreibt und daß nicht immer nur der Partner verantwortlich ist. Es kann weiterhin helfen, Veränderungen an Ihrem „Schema F"-Verhalten vorzunehmen und loszulassen zu lernen.

Vielleicht fühlen Sie sich auch gar nicht angesprochen von den obigen Beispielen. Sie hatten eine wunderbare Kindheit und geben Ihrem Partner unheimlich viel Freiraum. Sie selbst gehen Ihren eigenen Interessen nach und haben keine Angst verlassen zu werden.

Mit Eifersucht haben Sie keine Probleme. Sie reden immer offen über alles, setzen Ihrem Partner Grenzen und vertrauen ihm grenzenlos. Sie sind zu beneiden. Sie haben die idealen Voraussetzungen für Treue geschaffen.

Lesen Sie ruhig trotzdem weiter und erfahren Sie, womit sich andere Leute herumschlagen.

Mut zur Angst

Es erfordert eine gehörige Portion Mut, sich seinen Ängsten zu stellen und sie auszuhalten. So gehört auch eine Menge Mut dazu, zu lernen wie man in einer Partnerschaft mit der tiefsitzenden Verlustangst umgehen kann. Insbesondere dann, wenn man es als Kind nicht gelernt habt.

Es ist nun einmal leider so, daß wir als Kinder das Päckchen geschnürt bekommen, was wir dann zeitlebens mit uns herum zu schleppen haben.

Das heißt nicht, daß wir den ganzen schimmelnden Krempel mit ins Grab nehmen müssen. Wir haben sehr wohl die Möglichkeit, uns des ein oder anderen Teils zu entledigen und somit unbeschwerter durchs weitere Leben zu wandern.

Sie müssen sich nur leider die Mühe machen, das Päckchen abzuschnallen, auszupacken und zu inspizieren. Danach können Sie es neu ordnen, unliebsames Proviant aussortieren und neues dazu kaufen, welches besser schmeckt.

Das heißt im Klartext: Sie haben die Möglichkeit, Verhaltensweisen zu ändern und neue dazuzulernen. Es ist pure Bequemlichkeit, zu sagen: So bin ich nun mal. Punkt. Sie können sich ändern. Frei nach dem Motto „Gefahr erkannt, Gefahr gebannt" und nicht nach der vorpsychologischen Volksweisheit: „Was Hänschen nicht lernt, lernt Hans nimmer mehr."

Wenn Sie in der Partnerschaft Probleme mit Verlustängsten und Eifersucht haben, heißt das nicht, daß das für alle Ewigkeit so bleiben muß.

Zeigen Sie Mut zur Angst und Mut zur Veränderung! Stellen Sie sich den kleinen und größeren Katastrophen des Alltags! Weglaufen macht es auf Dauer nur noch schlimmer!

Kleine Katastrophenkunde

Vermutlich haben Sie schon einmal abends im Bett gelegen und vor sich hingegrübelt. Sie haben kleine Szenarien entwickelt. Was wäre wenn . . .

Vielleicht hatten Sie am nächsten Tag ein Vorstellungsgespräch und sind im Geiste verschiedene Fragen durchgegangen. Vielleicht haben Sie aber auch angefangen, sich zu überlegen, was im Vorfeld schon alles passieren könnte.

Was passiert, wenn es regnet und ich den Schirm vergessen habe? Dann komme ich da wie eine nasse Katze an,.

die Schminke verlaufen, die Frisur im Eimer, die Bluse wie Miss Wet-T-Shirt, durchsichtig. Sie kriegen bereits feuchte Hände. Wenn ich dann noch den Bus verpasse oder der Bus in den Stau kommt oder eine Reifenpanne hat? Und was, wenn ich mit dem Absatz hängenbleibe und lang hinschlage und mir den Rock und die Nylons zerreiße? Wenn ich den Chef mit dem Pförtner verwechsle und ihn frage, wo denn hier der Häuptling von dem Laden sitzt?

Sie können vermutlich noch eine ganze Weile so weiter machen und sich kleine und größere Katastrophen ausmalen. Doch machen Sie hier zunächst einen Punkt und stellen Sie sich folgende Frage: Wie wahrscheinlich ist es, daß Ihre Katastrophe eintritt?

Sie sind sich nicht sicher? Eher unwahrscheinlich, aber immerhin nicht unmöglich, könnte schon sein, daß . . .

Dann gehen Sie einen Schritt weiter. Malen Sie sich die Katastrophe aus.

Sie stehen im Gebäude mit abgebrochenem Absatz, nasser durchsichtiger Bluse, triefendem Pony und verlaufener Schminke. Was wird passieren? Man wird Sie verhaften? Man wird Sie rauswerfen? Den Job bekommen Sie nie.

Denken Sie doch mal konsequent weiter. Es gibt doch Telefone und Sie hätten den Vorstellungstermin verschieben können. Vermutlich hätten Sie sogar einen Sympathiebonus ergattert, wenn Sie Ihr Malheur ehrlich geschildert hätten. Für den Fall, daß Sie nicht hätten absagen können und wie eine nasse Katze im Gebäude stehen, gilt das gleiche. Wenn Ihr zukünftiger Chef allen Ernstes pikiert wäre und Sie unmöglich findet, dann könnten Sie froh sein, den Job nicht zu bekommen. Wollen Sie etwa unter einem griesgrämigen Perfektionisten arbeiten?

Sie haben sich die Katastrophe vorgestellt und zu Ende gedacht.

Wie fühlen Sie sich? Erleichtert? Mußten Sie grinsen?

Was Sie gerade über das Vorstellungsgespräch gelesen haben, können Sie auch auf Ihre Partnerschaft übertragen.

Denken Sie an eine Situation, die Ihnen sehr unangenehm wäre. Etwas, was Sie Ihrem Partner nicht erzählen. Etwas, von dem Sie annehmen, daß er es nicht verstehen würde.

Vielleicht fällt es Ihnen schwer, über Schwächen und Ängste zu reden. Vielleicht haben Sie Ihrem Partner bislang immer das Gefühl gegeben, daß Sie stark sind und alles im Griff haben. Sie sind erfolgreich im Job, joggen wie der Teufel und sind im Organisieren ein As. Nur manchmal wird es Ihnen zuviel. Da wollen Sie am liebsten auf den Schoß, sich zurücklehnen und alle Verantwortung weit weg schieben. Sie haben Ihrem Partner gegenüber nie davon gesprochen. Sie könnten das Bild, das er von Ihnen hat, zerstören. Er wollte immer eine starke Partnerin, hat er gesagt.

Schnappen Sie sich ein Stück Papier und schreiben Sie Ihre Überlegungen auf:

Wenn ich ihm sage, daß ich manchmal überlastet bin, wird er entsetzt sein und mich verachten.

Spinnen Sie Ihre Gedanken weiter. Übertreiben Sie ruhig.

Er wird mich verächtlich ansehen und mir vorwerfen, ich hätte ihm falsche Tatsachen vorgespielt. Erfolgreiche Frau, von wegen. Eine Versagerin. Er wird umgehend ausziehen. Vorher wird er noch meinen Chef anrufen und ihn warnen. Er wird ihm sagen, er habe eine völlige Fehlbesetzung in der Firma. Er wird unseren gesamten Freundeskreis durchtelefonieren und allen erzählen, daß ich ein schwächelnde Niete bin. Vermutlich wird er es auch noch allen Bekannten im Volleyballverein erzählen, und ich werde nie wieder auf eine Clubfete eingeladen.

Sind Sie wirklich der Meinung, Ihr Partner würde Sie verlassen? Ist Ihre Partnerschaft so instabil? Basiert sie wirklich nur auf Idealbildern und würde sie zerbrechen, wenn Sie nicht mehr gemäß dem vorgespielten und vorgeschriebenen Rollenmuster funktionieren?

Ihr Partner ist vermutlich sogar erleichtert, wenn Sie ihm offen Ihre Gefühle zeigen und wird aller Wahrscheinlichkeit nach mit Verständnis reagieren.

Wenn nicht, haben Sie in der Tat keine solide Basis, um eine dauerhafte treue Partnerschaft zu leben. Wenn Ihrem Partner jede Abweichung von Ihrer Idealrolle bedrohlich oder indiskutabel erscheint, liegt ein schwerwiegendes Problem zugrunde. So eine Liaison ist nicht nur unheimlich anstrengend und kann Ihnen gesundheitlich schaden, sie ist einfach auch nicht tragfähig.

- **Sofern Sie zu Katastrophenphantasien neigen, hinterfragen Sie diese. Überprüfen Sie die Wahrscheinlichkeit, daß sie Wirklichkeit werden könnten. Spinnen Sie die Katastrophen konsequent weiter.**
- **Auch wenn Sie vor Angst fast keine Luft bekommen, stehen Sie zu Ihren Gefühlen und seien Sie ehrlich Ihrem Partner gegenüber.**
- **Haben Sie nicht solche Angst vor dem Verlassenwerden. Es ist schlimm und tut weh, aber das Leben wird weiter gehen, und manche Paare finden sich erst mit 70.**

Vor allem: Kontrolle ist kontraproduktiv! Vertrauen ist besser!

Eifersucht, der Stachel im eigenen Fleisch

Ein besonders verbreiteter und lästiger Stachel im Fleisch ist die Eifersucht. Eine Zeitlang galt es als uncool, spießig und bürgerlich, überhaupt Anzeichen von Eifersucht zu zeigen.

Diese Auffassung hat sich mittlerweile selbst überwunden, und die meisten Versuche der freien Liebe sind gescheitert. Eifersucht gehört daher durchaus zu der Gefühlspalette, die man in unserer westlichen Gesellschaft in einer Paarbeziehung entwickeln kann. Es wäre auch eher verwunderlich, wenn der Gedanke, den Partner eventuell an eine andere Person zu verlieren, uns kalt ließe. Problematisch wird es jedoch, wenn die Eifersucht übertrieben und grundlos zur Kontrolle des Partners mißbraucht wird. Die ständige Suche nach irgendwelchen Nebenbuhlern und die mißtrauischen Unterstellungen werden dann für beide Partner belastend.

Checkliste: Eifersucht

Sie sind vermutlich quälend eifersüchtig,

● wenn Sie hinter jedem Geschäftsessen eine heiße Bettgeschichte mit der neuen Sekretärin vermuten;
● wenn Sie ihn bei einer Geschäftsreise jede Nacht nach 23:00 anrufen und süffisant fragen, ob Sie ihn gerade bei „etwas Besonderem" gestört haben;
● wenn Sie ihn nach einer Firmenfeier mit dem symbolischen Nudelholz empfangen und ihm unterstellen, mit sämtlichen weiblichen Angestellten angebandelt zu haben;
● wenn Sie versuchen, seine Freunde ins Vertrauen zu ziehen und Spitzel auf ihn ansetzen;
● wenn Sie seine Jackentaschen, seinen Terminplaner und seine Schubladen nach Beweisen seiner Untreue durchwühlen, ohne einen konkreten Anlaß dafür zu haben;
● wenn er sich auf einer Party mit einer Frau unterhält und Sie ihn danach mit den Worten zur Rede stellen: „Sag doch gleich, daß du mit dieser vollbusigen Schlampe ins Bett willst. Bitte schön, ich geh' dann schon mal, damit du freie Bahn hast."

Männersache:
Sie sind vermutlich quälend eifersüchtig,

● *wenn Sie den Postboten verprügeln, weil er zweimal geklingelt hat, um ein Einschreiben persönlich bei Ihrer Frau abzugeben;*

- *wenn Sie die Spitzenhöschen Ihrer Partnerin mit Argwohn betrachten und ihr aus Sicherheitsgründen lieber Frotteeslips mit aufgedruckten Wochentagen schenken;*
- *wenn Sie Ihre Partnerin in Ihrer Firma beschäftigen, damit Sie sie von morgens bis abends unter Kontrolle haben.*

Wenn Sie diese oder ähnliche Verhaltensweisen an den Tag legen, stellen Sie Ihre Partnerschaft in der Tat auf eine harte Belastungsprobe.

Wenn Sie allerdings felsenfest davon überzeugt sind, daß ein Mann ohnehin niemals treu sein kann und Ihnen schon gar nicht, dann haben Sie ein Problem. Haben Sie schon mal etwas von „selbst erfüllenden Prophezeiungen"[62] gehört?

Es ist nicht Ihre Hauptaufgabe, seine potentielle Untreue möglichst durch Dauerkontrolle zu verhindern (was sowieso nicht klappen wird), beziehungsweise sofort auf seiner Spur zu sein, um sich Ihre schlechte Meinung bestätigen zu lassen. Damit machen Sie sich fertig und Ihren Partner auch.

Es ist leider so, aber Sie können Treue weder einfordern noch erzwingen. Treue ist zwar machbar und eine bewußte Entscheidung, aber Sie können leider nur bei sich selbst, nicht bei Ihrem Partner erfolgreich nachhelfen.

Stellen Sie sich Ihren Verlustängsten wie oben beschrieben und versuchen Sie, einen Teil mit sich selbst oder mit Ihren Freunden auszumachen. Toben Sie nicht alles auf dem Rücken des Partners aus. Darunter bricht auf Dauer das breiteste Kreuz.

Unter Umständen haben Sie jedoch berechtigten Grund zur Sorge.

Checkliste: Untreue

Es könnte sein, daß Ihr Partner Ihnen untreu ist,

● wenn er sich plötzlich anders verhält. Er hat nicht gleich ein Verhältnis, nur weil er einmal einen Witz gerissen hat, was er sonst nie tut. Wenn Ihr an sich biederer Partner, an dessen Körper noch nie etwas anderes gekommen ist als Schießer Feinripp, plötzlich mit roten Bermudas durch die Gegend springt, auf die kleine blaue Bärchen gedruckt sind, dann könnte das ein Indiz sein.

● wenn er beim Sex „oh ja, Ilona" ruft, Sie aber „Susanne" heißen.

● wenn er ohne Sie für vier Wochen auf die Malediven will und außerdem am Telefon dauernd aufgelegt wird, wenn Sie sich melden.

● wenn Sie auf der Bettdecke blonde lange Haare finden, selbst aber brünett sind und Ihr Nachtcremetöpfchen urplötzlich halbleer ist.

● wenn unter dem Bett ein Slip Größe 44 liegt, Sie selbst aber höchstens 38 haben oder umgekehrt.

Männersache:

Sie haben eventuell berechtigten Grund zur Eifersucht,

● _wenn sie plötzlich nach einem After-Shave riecht, was eindeutig nicht das Ihre ist und Sie sich sowieso schon lange nicht mehr geküßt haben._

● _wenn Sie plötzlich Strapse auf der Wäscheleine hängen sehen, Ihre Partnerin sich aber immer vehement gegen „blöde Reizwäsche" ausgesprochen hat._

● _wenn Sie der Kollege Ihrer Partnerin beim Firmengrillen so blöde angrinst und sie mit den Worten „Na, klappt wohl nicht mehr so mit euch beiden" anspricht._

- *wenn Ihre Partnerin plötzlich ganz versessen auf Fußball ist und alle Ergebnisse kennt, obwohl Sie es jahrelang stinklangweilig fand.*

In den eben beschriebenen Fällen haben Sie berechtigte Gründe, Ihren Partner zur Rede zu stellen. Es kann für alles auch eine harmlose Erklärung geben. Vorsichtshalber sollten Sie ihm dieses Buch auf den Nachttisch legen und überlegen, ob Sie jetzt gleich das Kapitel Krisenmanagement lesen wollen.

Wenn Sie jedoch ohne wirklichen Anlaß, nur aus der eigenen Unsicherheit heraus oder aufgrund der schlechten Erfahrungen, die sie gemacht haben, glauben, keinem Mann trauen zu können, dann lesen Sie hier weiter.

Vertrauen ist der Anfang von allem

Ist ja alles ganz nett, sagen Sie, Sie reden mit Ihrem Partner über Ihre Gefühle und haben keine Panik davor, verlassen zu werden. Schließlich haben Sie einen großen Freundeskreis, der Sie auffangen kann. Das ist nicht Ihr Problem. Nur mit dem wahren Vertrauen ist das so eine Sache. Vertrauen ist gut, Kontrolle ist besser, ist Ihre Devise. Sie trauen Ihrem Partner von hier bis zur Haustür, aber nicht weiter.

Er sieht nun mal gut aus und gefällt auch anderen Frauen. Da überprüfen Sie schon mal seine Kreditkartenauszüge auf Essensrechnungen und Hotelzimmer und stöbern in seinen Unterlagen nach Zettelchen oder weiblichen Namen.

Eigentlich haben Sie das doch gar nicht nötig, oder!

Psychologen sprechen davon, daß der Mangel an Vertrauen fast immer ein Zeichen von Angst ist; Angst vor sich selbst und den eigenen Defiziten. Damit ist gemeint, daß Vertrauen zum Partner stark an das eigene Selbstwertgefühl gekoppelt ist. Wenn Sie mit sich und Ihrem Leben zufrieden sind, haben Sie weniger Veranlassung, dem Partner Mißtrauen entgegen zu bringen. Dann könnten Sie viel entspannter sein. Es ist schön, einen Partner zu haben, aber nicht lebensnotwendig. Eine Beziehung sollte immer auf Freiwilligkeit basieren und keine Pflichtveranstaltung oder gar eine lebenslange Strafe sein.

Sie sind eine eigenständige Persönlichkeit und können im Notfall auch wieder alleine leben. Das ist keine schöne Vorstellung, und es zuckt sofort in Ihrer Magengrube, wenn Sie daran denken, aber es entspricht der Wahrheit. Malen Sie sich diesen gefühlsmäßigen Supergau einmal aus. Was wäre, wenn er Sie wirklich morgen verließe?

Ich würde auf der Straße sitzen und mit einer Flasche „Pennerglück" unter den Brücken der Stadt enden. Ich bringe mich sofort um.

Wenn Ihnen tatsächlich solche Gedanken durch den Kopf gehen, holen Sie zunächst einmal tief Luft. Schreiben Sie sich diese Katastrophenphantasien gegebenenfalls auf.

Was wäre, wenn . . . und was wären die Konsequenzen. Wenn Sie Ihr Katastrophenszenario durchgespielt haben, sehen Sie das Ganze vielleicht schon etwas realistischer. Vielleicht landen Sie zunächst auf dem Sozialamt, vielleicht müssen Sie vorübergehend wieder in eine WG ziehen, vielleicht trinken Sie wirklich für ein paar Wochen zuviel und vielleicht gehen Sie Ihren Freunden wirklich mit Ihrem Gejammer irgendwann auf die Nerven. Aber: Die Erfahrung von Millionen Verlassenen hat gezeigt, daß das Leben weiter geht und sich meistens Lösungen finden lassen. Irgendwann verheilen auch die schlimmsten Wunden.

Sie haben also überhaupt keinen Grund in ständigem Mißtrauen zu leben. Sie machen es sich nur selbst schwer und dem Partner obendrein.

Auch wenn Sie in der Vergangenheit gelernt haben, mißtrauisch zu sein und Ihr Vertrauen mißbraucht wurde, geben Sie sich und Ihrem Partner eine Chance.

Denken Sie an das Päckchen, das Sie mit sich herum tragen. Sortieren Sie es wieder einmal neu. Überprüfen Sie, ob Ihnen Ihr Partner wirklich ernsthaft Anlaß zum Mißtrauen gibt.

Ansonsten versuchen Sie immer wieder aufs neue, Vertrauen zu fassen. Achten Sie auf Ihre Gefühle und Ihre Intuition. Es bedarf in der Tat kleiner Vertrauensbeweise in einer Partnerschaft. Vertrauen ist etwas, das wachsen muß und nicht automatisch von Anfang an gegeben und gerechtfertigt ist.

Natürlich hat nicht jeder Ihr Vertrauen verdient. Sie sollten zu recht wählerisch und nicht zu vertrauensselig sein.

Wenn Sie der Auffassung sind, daß „den prüden Knochen sowieso keine andere anschaut", könnten Sie eines Tages Ihr blaues Wunder erleben. Auch ist in der Tat zu überlegen, ob Sie Ihren Partner für drei Wochen alleine mit einer frisch versingelten Freundin auf eine Berghütte schicken. Man muß sein Schicksal nicht herausfordern und das Vertrauen nicht überstrapazieren.

Ein bißchen Unsicherheit ist sogar erstrebenswert, da die Partnerschaft ansonsten Gefahr läuft, in selbstverständliche Gewohnheit abzugleiten. Das gewisse Quentchen Mißtrauen wirkt eher belebend und der Gewohnheit und dem Sich-gehen-lassen entgegen. Dieses gesunde Quentchen ist aber nicht das, von dem wir hier sprechen. Hier geht es um die unbekömmliche Variante der Kontrolle und des fehlenden Vertrauens, das es zurückzuerobern gilt.

Vor allem, wenn Ihnen nicht die nötige Portion Urvertrauen in die Wiege gelegt wurde, dürfen Sie ruhig kleine Vertrauensbeweise einfordern.

Männersache:

Auch für Männer gilt, die Partnerin nicht selbstverständlich als sicher anzunehmen. Wenn Sie glauben, Ihre Frieda ist so bieder, der guckt keiner hinterher, könnten Sie eines Tages staunen. Vielleicht haben nur Sie den Blick für die

140

Reize Ihrer Frieda verloren oder nehmen sich nicht die Zeit, diese zu entdecken. Vielleicht sind Sie auch viel zu sehr damit beschäftigt, anderen Frauen hinterher zu sehen.

Also begeben auch Sie sich mutig auf die Gratwanderung zwischen Vertrauen und Bemühen, zwischen Loslassen und Haltgeben.

Vertrauensbildende Maßnahmen

Es ist nicht in Ordnung, Ihrem Partner eine Höllenszene zu machen, wenn er vorhat, zum ersten Mal seit Ihrem Zusammensein seine Exfreundin zu treffen. Wenn Sie Zeter und Mordio schreien, die Verflossene beschimpfen, Ihrem Partner unterstellen, „nur mit dieser abgemagerten Schlampe ins Bett zu wollen", ist das nicht so ideal. Das Resultat wird das gleiche bleiben. Ihr Partner wird vermutlich allein schon aus Trotz und weil er sich nicht von Ihnen gängeln lassen möchte, seine Ex treffen. Sie bekommen nach dieser Szene drei graue Haare mehr, und der Hausfrieden hängt schief. Wenn Sie Pech haben, ist Ihr Partner auch noch wutschnaubend davongerauscht, und Sie haben eine schlaflose Nacht, trinken mehr als Ihnen bekommt und schleppen sich zu allem Überfluß mit einem grauenvollen Kater durch den nächsten Tag.

Stellen Sie Spielregeln auf

Sie sind nicht begeistert, daß Ihr Partner seine alte Liebe treffen möchte. Das ist verständlich. Dennoch ist es in diesem Fall besser, die Zähne zusammenzubeißen, alle Beschimpfungen hinunter zu schlucken und klare Richtlinien festzulegen.

Sagen Sie Ihrem Partner ruhig, daß Sie nicht begeistert sind, daß Sie in der Vergangenheit schlechte Erfahrungen mit Exfreundinnen gemacht haben, Sie ihm dieses Treffen aber zubilligen. Bitten Sie ihn beispielsweise, das Treffen zeitlich zu begrenzen. Es muß schließlich nicht sein, daß er die ganze Nacht mit einer anderen Frau um die Häuser zieht. Um über alte Zeiten zu plaudern und ein bißchen Vergangenheit aufzuarbeiten, sollten ein paar Stunden ausreichen. Sollte es wirklich später werden, bitten Sie ihn, Sie anzurufen.

Eine Alternative könnte statt eines Abendtermins ein gemeinsames Mittagessen sein. Dann haben Sie beide am Abend Zeit, entspannt darüber sprechen.

Eine andere Spielregel könnte sein, daß Sie den Partner bitten, Ihnen für alle Fälle mitzuteilen, wo Sie ihn erreichen können, wenn er unterwegs ist. Sie sollten sich allerdings verkneifen, ständige Konrollanrufe zu tätigen oder ihn nachts mit den Worten aus dem Schlaf zu klingeln: „Los, gib's schon zu, du bist nicht allein." Hier ist ein wenig Zurückhaltung angebracht.

Trauen Sie sich ruhig, Ihren Partner darum zu bitten, wenigstens einmal kurz durchzurufen, wenn er auf Reisen ist. Das kann er auch zwischen Meeting und Abendessen schaffen, und es ist eine vertrauensbildende Maßnahme, wenn der Partner einem das Gefühl gibt, an einen zu denken.

Keine Geheimnistuerei

Wenn Sie alleine einen Rock'n-Roll-Kurs machen, weil Ihr Partner zwei linke Füße, kaputte Knie oder einfach keine Lust hat, ist das wunderbar. Nur sollten Sie nicht anfangen, mit dem tollen Aussehen und Können Ihres Tanzpartners das heimische Abendessen zu würzen. Sich zu freuen, daß Sie einen netten Tänzer gefunden haben, der Ihnen nicht das Grauen ins Gebein treibt, ist eine Sache. Zu versuchen, Ihren Partner eifersüchtig zu machen und aus der Reserve zu locken, ist eine andere.

Auch ist es nicht fair, durch Geheimnistuerei und kleine Anspielungen das Mißtrauen Ihres Partners zu schüren.

Lügen haben kurze Beine

Sie haben eine Freundin, die Ihr Partner nicht ausstehen kann. Sie ist ihm zu etepetete, zu laut, was auch immer. Nichtsdestotrotz verbindet Sie mit Ihrer Freundin eine Menge und Sie wollen die gelegentlichen Treffen mit Ihr nicht missen. Seien Sie ehrlich. Erzählen Sie Ihrem Partner, daß Sie an dieser Freundschaft hängen, aber keineswegs vorhaben, die Art dieser Frau zu kopieren. Sie kennen andere sympathische Seiten an ihr und haben in jedem Fall immer viel Spaß zusammen.

Die Welt ist klein und voller verrückter Zufälle. Wäre es nicht unangenehm, wenn Sie Ihrem Partner zufällig mit dieser Freundin in die Arme laufen, obwohl Sie erzählt haben, Sie treffen Ihre Mutter?

Lügen Sie nicht aus Angst vor einem Konflikt, stehen Sie zu Ihren Bedürfnissen und seien Sie ehrlich.

„Mein Partner regt sich aber immer so schnell auf, ich will ihm – und mir – das ersparen."

Da müssen Sie durch. Es hat auf Dauer einfach keinen Sinn, sich aus „humanitären Gründen" kleine Lügen zu erzählen. Das heißt nicht, daß Sie bewußt diese Karte spielen, um Ihren Partner zu ärgern. Sie sollten aber auch nicht hinter dem Berg halten mit Ihren Belangen und ruhig und fair über das geplante Treffen reden.

Grenzen der Ehrlichkeit

Bei den vertrauensbildenden Maßnahmen steht Ehrlichkeit ganz oben auf der Liste. Sie sollten Ehrlichkeit jedoch nicht mit Taktlosigkeit oder Unüberlegtheit verwechseln.

Taktlos wäre es zum Beispiel, wenn Sie Ihrem Partner jeden spontanen Gedanken an den Kopf werfen.

Wenn Sie wirklich der Meinung sind, daß er in seinem neuen malvenfarbenen Pullover aussieht wie eine Teewurst, also völlig daneben, bescheuert, unterirdisch, sollten Sie dies netter verpacken. Anstatt zu sagen „Oh Mann, du hast überhaupt keinen Geschmack, bist du farbenblind oder was!", können Sie es auch vorsichtiger formulieren „Du weißt ja, ich habe einen Faible für gedecktere Töne. Ich finde, Sie kleiden dich besser."

Sie sollen nicht heucheln oder wider Ihre Empfindung oder Ihren Geschmack urteilen, aber ein wenig Diplomatie kann Wunder wirken. Ihr Partner ist genauso verletzlich wie Sie.

Verletzlich? Ach was, der Mann ist ein hohler Klotz, sagen Sie! Wenn Sie sich da mal nicht täuschen.

Vorsicht ist bei unüberlegten Äußerungen angesagt. Sie sollen sich keineswegs jede spontane Lebensäußerung verkneifen und vor allem in Ihrer Partnerschaft das Gefühl haben, ungefiltert und offen sprechen zu können. Manchmal gibt es jedoch Situationen, in denen es sinnvoll ist, erst zu überlegen und dann erst ein paar passende Worte einzubringen.

Bevor Sie Ihrem Partner ausrichten, daß seine Mutter heute bereits fünfmal angerufen hat und Sie das ziemlich übertrieben finden, kann es hilfreich sein, kurz darüber nachzudenken, wie Sie es sagen. „Deine Mama hat heute hier schon fünfmal durchgeklingelt und wollte Ihren kleinen Liebling sprechen. Sag deiner besitzergreifenden Alten, daß Sie mir tierisch auf die Nerven geht", ist vielleicht spontan, aber ziemlich destruktiv, besonders, wenn Ihr Partner eine besitzergreifende kontrollierende Mutter hat. „Deine Mutter hat heute schon fünfmal angerufen. Ich weiß nicht, was ich Ihr sagen soll. Ich finde, daß sie sich ein bißchen zuviel um uns kümmert. Was denkst du darüber?" ist wesentlich moderater und wird vermutlich auf offene Ohren stoßen.

Vorsicht ist besonders angebracht, wenn Sie und Ihr Partner bereits einige verminte Gebiete haben, wo Sie erfahrungsgemäß beide besonders sensibel reagieren.

144

Vertrauensbildende Maßnahmen gelten selbstverständlich für beide Seiten und sollten auch beidseitig eingehalten werden. Um Vertrauen aufzubauen, bedarf es zweier fairer Mitspieler, einen vertrauensvollen und einen vertrauenswürdigen.

Bettgeflüster

Die oben geschilderten vertrauensbildenden Maßnahmen gelten insbesondere im Bereich der Sexualität.

Daß Sie das Vertrauen nicht durch Seitensprünge mißbrauchen, setzen wir an dieser Stelle einfach voraus.

Sexualität ist ein sensibles Thema. Um so wichtiger ist es, sich besonders vertrauenswürdig und vertrauensvoll zu zeigen.

Es ist zum Beispiel nicht besonders förderlich, den Partner unverblümt auf kleine körperliche Makel hinzuweisen.

„Könntest auch mal wieder eine Diät machen", wird die Unverkrampftheit Ihres Partners nicht gerade fördern. Ebenso ist natürlich fatal, in falsch verstandener Ehrlichkeit Vergleiche mit Vorgängern anzustellen. „Deiner ist kleiner", ist so ziemlich das Letzte, was Ihr Partner hören möchte, und er könnte es Ihnen sehr übel nehmen. Auch von Nachhilfe unter Nennung großer Vorbilder ist abzusehen. „Also Robert hat mich immer vorher hinterm Ohr gekitzelt und das fand ich genial. Du machst das nie. Und überhaupt war es mit ihm irgendwie besser."

In diesem Fall stößt Ehrlichkeit an Grenzen. Natürlich können Sie ruhig darüber reden, was Sie gut finden und was nicht, nur die Ex-Lover sind möglichst außen vor zu lassen.

Ein besonders heikles Thema in puncto Ehrlichkeit im Bett, ist der Orgasmus. Einen sexuellen Höhepunkt vorzuspielen, um das Ego Ihres Partners aufzupäppeln bzw. Ihr eigenes als Sexpartnerin nicht zu gefährden, ist nicht besonders förderlich für eine vertrauensvolle Partnerschaft.

Sie bringen sich um Ihre Lust und der Partner hat keine Chance etwas dazuzulernen.

Noch einmal mit Gefühl

Um zu einem Menschen Vertrauen fassen zu können, ist es nicht nur wichtig, offen über eigene Bedürfnisse zu sprechen, sondern vor allem auch seine Gefühle zu zeigen. Es ist unmöglich, Vertrauen zu fassen und aufzubauen, wenn man mit den eigenen Emotionen hinter dem Berg hält oder beim Partner Zärtlichkeiten und offene Gefühlsregungen vermißt.

Frauen tun sich da im allgemeinen weniger schwer als Männer. Es fällt Ihnen nicht nur leichter einzuordnen, was da gerade in ihnen wallt, sondern auch darüber zu sprechen.

Viele Männer wurden und werden leider immer noch nach dem Motto erzogen „Ein Indianer kennt keinen Schmerz" oder „Gefühle sind Frauensache".

Wenn Sie also das Pech haben, an einen emotionalen Nachhilfeschüler geraten zu sein, verzweifeln Sie nicht, sondern haben Sie Geduld. Oben haben Sie bereits ein wenig über mögliche Hintergründe erfahren. Vielleicht hilft Ihnen dieses Wissen, etwas Nachsicht zu üben.

Es geht jedoch auch nicht darum, alles zu entschuldigen und sich auf den Standpunkt zurückzuziehen: „Ich kann nichts dafür, ist alles Milieu" oder „Ich hatte nun mal eine schwere Kindheit". Die schwere Kindheit darf nicht das Ruhekissen dafür sein, Fehlverhalten zu entschuldigen und zu legitimieren.

Ran an den seelischen Rucksack und neu sortieren. Sie können sich oder Ihren Partner natürlich nicht von heute auf morgen verändern. Sollen Sie auch gar nicht. Nur bei eklatanter Unfähigkeit, Gefühle zu zeigen oder annehmen zu können, lohnt es sich schon, etwas tiefer zu blicken und gegebenenfalls mit Hilfe eines Therapeuten sortieren zu lernen.

Für die durchschnittlichen „Stadtneurotiker" mag es schon helfen, sich einige Verhaltensgewohnheiten genauer anzusehen und sich ein paar Gedanken zu machen.

Eine der schwierigsten Übungen ist es, Gefühle einzuschätzen, zu ordnen oder gar beeinflussen zu wollen. Das Unbewußte mischt gewaltig mit, und je nach persönlichem Hintergrund kommen wir besser oder schlechter mit unseren Regungen klar.

An dieser Stelle mit konkreten Übungen aufzuwarten oder todsichere Tips zu geben, wie Sie und Ihr Partner lernen können, Ihre Gefühle besser zu zeigen und auszudrücken, ist unmöglich.

Entscheidend ist, daß Sie auch hier versuchen, so ehrlich wie möglich zu sein, vor allem sich selbst gegenüber.

Was ist es, was da gerade in mir hoch kocht? Bin ich stinksauer oder eher enttäuscht? Bin ich wütend oder traurig, ängstlich oder frustriert?

Wenn Sie sich darüber klar sind, was bei Ihnen passiert, können Sie sich auch besser darüber äußern. Das ist ähnlich wie im Konfliktgespräch. Erinnern Sie sich? Wenn Sie die Bedürfnisse hinter Ihrer Meinung oder Ihrem Willen erkennen, entschärfen Sie die Auseinandersetzung und können sich eher einigen. Bei den Gefühlen ist es ähnlich. Wenn Sie mitbekommen, daß Sie nicht wütend, sondern enttäuscht sind, weil Ihr Partner schon wieder eine Stunde zu spät nach Hause kommt, ohne angerufen zu haben, können Sie es ihm vermutlich effektiver mitteilen, wenn Sie sagen: „Ich bin total enttäuscht, daß du nicht angerufen hast. Ich sitze hier rum und warte auf dich. Ich fühle mich abgeschoben und vernachlässigt." Klingt softer und ehrlicher als ihn anzubrüllen „Du unzuverlässiger Egoist, nie nimmst du Rücksicht, immer trampelst du auf mir rum. A . . .!"

Verstehen Sie es nicht falsch. Es geht nicht um die Betroffenheitsnummer, triefend vor Betulichkeit. Aber bei aller Forschheit und Emanzipation ist es dennoch oftmals einfacher, sich auf die eigene Gefühlswelt zu besinnen und – auch wenn es betulich klingt – in sich hinein zu horchen und zu fragen: „Was tobt sich da aus? Worum geht es eigentlich wirklich?", als unüberlegt zum Angriff überzugehen.

Der bewegte Mann

Da es, wie schon geschrieben, oftmals die Männer sind, die mit ihren Gefühlen nichts anzufangen wissen, können Sie als Frau eigentlich nur versuchen, ein gutes Vorbild zu sein. Sie können dem Partner vorleben, wie Sie zu Ihren Gefühlen stehen, ihn anregen, über seine Bedürfnisse zu reden und ihm verständnisvoll zuhören, wenn er Ihnen etwas mitteilen möchte. Wenn er aus sich herausgeht und Ihnen erzählt, wie unsicher er sich zur Zeit fühlt und wie panisch er manchmal ins Büro geht, dann beißen Sie sich auf die Zunge und schlucken „Du Schlappschwanz" hinunter. Entweder wollen Sie einen Partner, der Gefühle zeigen kann oder nicht. Wenn ja, müssen Sie auch mit der vermeintlichen Kehrseite, seinen Schwächen, zu leben lernen. **Wenn Sie eine wirklich vertrauensvolle Partnerschaft haben wollen, ist es essentiell, den Partner verstehen zu lernen. Dazu gehört es nun mal, die eigenen Empfindungen zu äußern und die des Partners akzeptieren zu können.** Wenn Sie nicht wollen, daß Ihnen Ihr Partner ein ewiges Rätsel bleibt, und Sie das Gefühl haben, ihn ständig kontrollieren zu müssen, damit Sie wenigstens einen kleinen Einblick bekommen, ist es wichtig, sich auch den dunklen Seiten der Seele zu stellen.

Akzeptieren Sie Ihren Partner als unperfektes Gegenüber. Wenn er gerade seinen „Moralischen" bekommt und Ihnen erzählt, wie düster seine Zukunft zu sein scheint, dann würgen Sie ihn nicht ab, sondern hören Sie zu. Versuchen Sie, Verständnis zu zeigen und lassen Sie die Fernbedienung des Fernsehers liegen. Freuen Sie sich, daß der Mann sich mitteilen möchte. Wenn Sie sich den ganzen Nachmittag auf diese eine Sendung gefreut haben, die in zwei Minuten beginnt, dann sagen Sie es. Programmieren Sie den Videorecorder oder verzichten Sie darauf. Stellen Sie sich vor, wie enttäuscht Sie wären, wenn Ihr Partner Sie mitten im Satz unterbrechen würde, um die Sportschau zu sehen. Wenn es Ihnen wirklich zuviel wird, Ihr Liebster die

Kurve nicht mehr zu kriegen scheint und seit drei Stunden beharrlich in seinem Frustloch sitzt und Sie langsam selbst das Gefühl kriegen, in die Depression mit abzugleiten, sagen Sie ihm das. Es muß ja nicht „Nervsack!" sein. Ein „Schatz, sei mir nicht böse, aber mir wird das jetzt zuviel. Ich kann dir da momentan nicht weiterhelfen, und ich glaube, du sitzt da gerade fest" ist netter. Vielleicht hilft Ablenkung, vielleicht sollte er alleine weiter grübeln oder spazieren gehen. Sagen Sie es ihm jedoch vorsichtig. Zertrampeln Sie sein zartes emotionales Coming Out nicht. Betrachten Sie das Gefühlsleben Ihres Partners hinter der rauhen Schale als zartes Pflänzchen.

Wenn er Sie umgekehrt anherrscht, er habe jetzt „keinen Nerv auf eine Gefühlsdiskussion", machen Sie einen Termin. Akzeptieren Sie, daß er gerade erst von der Arbeit gekommen ist, aber bestehen Sie darauf, mit Ihm reden zu wollen. **Nehmen Sie sich bewußt Zeit, um miteinander zu reden. Setzen Sie ruhig Redetermine fest. Schaffen Sie sich Möglichkeiten, sich zu unterhalten und äußern Sie Ihre Gefühle und Empfindungen.** Wenn Ihr Partner unwirsch wird, melden Sie ihm das zurück. Versuchen Sie, dabei ruhig zu bleiben und ihn nicht anzufahren bzw. in Tränen auszubrechen. Atmen Sie tief durch und machen Sie ihm klar, daß Sie jetzt etwas auf dem Herzen haben. Sie wollten ihn nicht zuquatschen oder seinen Feierabend ruinieren, aber es sei Ihnen wichtig.

Er kann und muß nicht rund um die Uhr ein offenes Ohr für Ihre Sorgen haben. Manchmal braucht er vielleicht gerade seine Ruhe und ist abgespannt. Klären Sie das mit ihm. Wenn sein neuralgischer Punkt das Nach-Hause-Kommen von der Arbeit ist, überfallen Sie ihn nicht gerade dann. Gönnen Sie ihm seine Erholung und vereinbaren Sie einen späteren Termin. Aber bleiben Sie dran und stehen Sie zu Ihren Gefühlen. Daß man auch übertreiben kann, wissen Sie aus eigener Erfahrung. Es ist nicht sinnvoll, Ihre Emotionen als Waffe gegen den Partner einzusetzen, indem Sie ihn torpedieren. Selbst wenn Sie der Meinung sind, der sture Kerl begreift es nicht anders, sollten Sie davon ablassen. Kleine Dosen wirken besser. Denken Sie an den perfekten Mord. Ein bißchen Arsen in kleinen Mengen, ist genauso wirksam wie die gesamte Dosis, nur fällt es nicht so auf.

Termine machen mit dem Partner, so ein Blödsinn, sagen Sie? Wieso? Mit dem Chef müssen Sie auch Termine machen. Mit jedem Friseur, Handwerker oder sonstigem Dienstleister vereinbaren Sie Termine. Wieso soll ausgerechnet Ihr Partner immer und zu jeder Zeit zu Ihrer Verfügung stehen. Oftmals klappte es vermutlich auch mit der Spontaneität, manchmal aber auch nicht. Wenn Sie offen über Ihre Bedürfnisse und Gefühle reden, vermeiden Sie Streits und „Freiheitsberaubung".

Allein zu zweien

Sie sollen Ihr Privatleben natürlich nicht ebenso verplanen wie den beruflichen Bereich. Auch wäre es albern, jedes wichtige Gespräch terminlich festhalten zu wollen. Manchmal ist es jedoch, wie oben beschrieben, ganz hilfreich. Es macht sehr viel mehr Sinn, sich in einer für beide Seiten entspannten Atmosphäre zu unterhalten, als wenn einer noch gar nicht da oder fast schon wieder weg ist. Große Gefühle zwischen Tür und Angel zu besprechen, ist vertane Liebesmüh.

Jeder Mensch braucht seinen eigenen Freiraum.

Das gilt für Sie genauso wie für Ihren Partner.

Nehmen wir ein **Beispiel:**

Eine Schriftstellerin braucht jeden Tag zwei Stunden Ruhe, um schreiben zu können. Wie im Hotel hängt sie ein Schild „Bitte nicht stören" an die Tür ihres Arbeitszimmers und meint das dann auch ernst. Die Lösung aller kleinen Katastrophen, die sich inzwischen im Haus ereignen, wird auf später vertagt. Nach anfänglichen Versuchen der Familie, ihre Ungestörtheit zu unterwandern, klappt es nach einiger Zeit hervorragend. Sie hat in diesen zwei Stunden wirklich Zeit zu schreiben.

Ein anderes **Beispiel:**
Ein Wissenschaftler arbeitet in seiner heimischen Bibliothek. Es ist seine Gewohnheit, durch die Wohnung oder den Garten zu wandern und dabei über Problemlösungen nachzudenken. Hierbei muß er ungestört sein. Als Zeichen dafür, daß er seine Ruhe braucht, trägt er eine rote Strickweste. Dann weiß die Familie: Nicht ansprechen, Vater denkt.

Das ist Ihnen zu albern? Es muß ja nicht Ihre Lösung sein, Schilder aufzuhängen oder mit Strickwesten zu signalisieren, daß Sie Ihre Ruhe haben wollen. Sie können sich auch ein Schleifchen ins Haar binden oder einfach eine Abmachung treffen. Aber treffen Sie diese. **Schaffen Sie sich Ihren Freiraum und setzen Sie Grenzen.** Wenn Sie kleine Kinder haben, ist das natürlich schwierig. Aber machen Sie sich ruhig Gedanken darüber. Vor allem Frauen neigen oft dazu, sich vereinnahmen zu lassen und eigene Interessen hintan zu stellen. Viele von uns haben wenig Erfahrung damit, offen zu den eigenen Bedürfnissen zu stehen. Umgekehrt hat natürlich auch der Partner einen Anspruch darauf, in Ruhe gelassen zu werden.

Gerade in der ersten Phase der Verliebtheit ist das Verlangen, immer und überall mit dem Partner zusammen zu sein, oftmals sehr stark. Genießen Sie es. Wenn Sie jedoch vor lauter Verliebtheit dazu neigen, permanent an Ihrem Partner zu hängen, an seinen Ohren zu knabbern und ihn alle fünf Minuten beim Lesen stören, weil Sie ein paar Streicheleinheiten loswerden wollen, dann kann das irgendwann zum Knall führen. Idealerweise lassen Sie es gar nicht so weit kommen.

Wenn Sie einen Partner haben, der jeden Tag für fünf Stunden in seinen Hobbykeller verschwindet, haben Sie ein anderes Problem, das Sie ansprechen sollten.

Alleine zu sein ist wichtig. Der Mensch braucht normalerweise ab und zu eigene Zeit zum Auftanken. Zeit, in der er seine Ruhe hat und sich nicht permanent auf das Gegenüber einstellen muß.

Vielleicht fällt es Ihnen schwer, alleine zu sein, und Sie können es schlecht aushalten. Wie wäre es, sich ein wenig darin zu trainieren. Sie müssen ja nicht gleich ausziehen.

Vielleicht macht es Ihnen aber nach einer Weile richtiggehend Spaß, alleine im Zimmer nebenan zu sitzen und zu lesen, fernzusehen oder etwas zu machen, wozu Sie Lust haben, während Sie Ihren Partner im anderen Zimmer rascheln hören.

Wenn Sie eine winzige Wohnung haben, können Sie versuchen, das gleiche Prinzip in einem Raum zu schaffen. Schnurlose Kopfhörer sind hierfür eine hilfreiche Erfindung und können manchen Streit vermeiden. Er kann seinen Hard Rock auf voller Lautstärke über Kopfhörer hören, und Sie können nebenbei Ihre Yogaübungen machen oder umgekehrt.

Es gibt keine Modellösung. Es geht vielmehr darum, sich des potentiellen Problems bewußt zu sein, Freiräume zu schaffen und zu akzeptieren, zu seinen Bedürfnissen zu stehen und die des Partners zu tolerieren. Im Kapitel über Identität haben wir bereits einiges zu diesem Thema geschrieben.

Eine erwachsene Partnerschaft, in der beide Partner gleichberechtigt als Team miteinander leben wollen, braucht Freiheit. Diese Freiheit besteht darin, eigene Bedürfnisse wahrnehmen und mit dem Partner darüber sprechen zu können. Die Grenzen der Freiheit sind in dem Augenblick erreicht, wo das Vertrauen eines Partners gebrochen wird oder seine Gefühle wissentlich und vorsätzlich verletzt werden, sei es durch Kontrollmechanismen, Lügen oder Seitensprünge.

Eine Rose zum Dessert oder kleine Gesten erhalten die Liebe

Nichts ist tödlicher für eine Beziehung als Gleichgültigkeit. Welcher Mensch hat nicht ein Bedürfnis nach Anerkennung und Aufmerksamkeit? Auch der Partner gehört zu dieser Spezies. Hierbei geht es nicht um den sündteuren Nerz zu Weihnachten oder die Krawattennadel mit echten Brillanten zum Geburtstag. Es sind die kleinen Gesten des Alltags, die dem Partner unerwartet signalisieren „Du bist mir wichtig" und ein Gefühl von Zugehörigkeit und Geborgenheit vermitteln.

Pluspuffer statt Anblaffer

In den vorangegangenen Kapiteln haben Sie gelesen, wie man Gegensätzlichkeiten und Konflikte entschärfen kann. Um es gar nicht so schnell zu einer Auseinandersetzung kommen zu lassen, ist es hilfreich und wichtig, ein positives Grundklima in der Beziehung zu schaffen und zu erhalten.

Vielleicht kennen Sie von sich, daß Sie dazu neigen, die netten Seiten Ihres Partners als selbstverständlich hinzunehmen. Sie freuen sich vielleicht im stillen darüber oder erzählen Ihren Freunden, was für ein Glück Sie haben, daß der Mann Ihnen immer wieder unaufgefordert Blumen mitbringt, ihm selbst jedoch sagen Sie es eher selten. Man muß ja nicht übertreiben, sagen Sie, sonst wird er noch übermütig. Falsch gedacht, Sie freuen sich doch auch über kleine Komplimente, oder? Ab und zu führen Sie stolz eine Modenschau vor mit dem neuen Mieder, dem günstig erstandenen Wintermantel oder den neuen Pumps. Und wehe, wenn der Partner nicht die entsprechende Begeisterung zeigt, dann sind Sie herbe enttäuscht. Wieso sollte es ihm anders gehen? Hierbei geht es nicht nur um Äußerlichkeiten. Sie brauchen ihm nicht jeden Tag zu sagen, daß Sie sein neues Outfit unwiderstehlich finden, aber ein tägliches kleines Kompliment schafft einen positiven Puffer für Ihre Partnerschaft.

Sie werden sehen, es wirkt Wunder, wenn Sie sich angewöhnen, nicht nur über seine Macken zu meckern, sondern sich auch immer wieder die liebenswerten Seiten ihres Partners ins Gedächtnis zu rufen und ihm mitzuteilen.

Zum einen wird es Ihnen dadurch leichter fallen, mit seinen Macken leben zu lernen, zum anderen wird er sich voraussichtlich besser fühlen und netter zu Ihnen sein.

Mit seinen Macken leben lernen? Nie und nimmer! Den biege ich mir schon noch zurecht, sagen Sie. Erinnern Sie sich noch an das Kapitel über das „König-Drosselbart-Syndrom"?

Sie können Ihren Partner leider nicht umkrempeln. Es ist vergebliche Liebesmüh, aus einem introvertierten Langschläfer einen quirligen Frühaufsteher machen zu wollen! Lernen Sie besser, mit diesen Verhaltensweisen zu leben oder denken über eine Trennung nach. Sie können lediglich die Spielregeln verhandeln oder nachlässige Verhaltensweisen ansprechen. Daß Sie es beispielsweise nicht so toll finden, wenn er sich die Fußnägel am Frühstückstisch schneidet oder Ihre Seite im Bett vollkrümelt.

Wenn Sie Ihrem Partner immer wieder zeigen, was Sie an ihm schätzen, wird er es vermutlich besser verkraften, wenn Sie Kritik an ihm äußern.

Wenn Sie jedoch nur dann den Mund aufmachen, wenn es etwas zu meckern gibt, ist es ungleich schwieriger, eine vertrauensvolle Basis zu schaffen.

Stellen Sie sich folgendes vor. Sie sitzen mit Ihrem Partner auf der Couch und unterhalten sich. Er erzählt stolz von seinem neuen Vertragsabschluß, den er gerade getätigt hat. Wie er den Kunden geködert hat und sein Chef ihm gratulierte. Sie gucken ihn an und denken „Ach, er kann so süß sein. Wie er mit stolz geschwellter Brust erzählt und sich über seinen Erfolg freut. Zum Fressen". Na los, sagen Sie ihm, daß Sie stolz auf ihn sind, daß Sie es klasse finden, daß er sich beruflich so engagiert durchbeißt. Sagen Sie ihm ruhig, daß Sie das sexy finden. Es wird ihn freuen und entspricht der Wahrheit. Mit der müssen Sie nicht hinter dem Berg halten.

So etwas finden Sie selbstverständlich. Sie haben nicht das Gefühl, daß Ihnen ein Zacken aus der Krone bricht, wenn Sie Ihren Partner loben, bei Ihnen gibt es keinen latenten heimischen Machtkampf. Wunderbar. Ist Ihr Partner auch Manns genug, Ihnen gegenüber ebenso seine Gefühle zu zeigen und Komplimente zu machen? Sagt er Ihnen, daß er es toll findet, daß Sie sich zu einer Weiterbildung entschlossen haben? Zeigt er seinen Stolz darüber, daß Sie die Karriereleiter nach oben geklettert sind? Sagt er Ihnen, daß er Sie dafür bewundert, daß Sie so liebevoll und souverän mit den Kindern umgehen? Daß er Sie dafür schätzt, wie Sie den Haushalt schmeißen, nebenbei noch zur Volkshochschule gehen und sich politisch engagieren?

Sie stutzen? Nicht so richtig, na ja, ein bißchen . . . Also irgendwie nicht. Wann hat er mich überhaupt das letzte Mal gelobt? Dann sprechen Sie doch mal darüber und lassen Sie sich nicht von einem „Schatz, du weißt doch, daß ich dich liebe" abwimmeln.

Kleiner Komplimente-Knigge

Versuchen Sie ruhig, sich gegenseitig jeden Tag ein Kompliment zu machen. „Ist doch albern", sagen Sie. Wieso? Es tut doch gut.

Das kann ein Kompliment sein wie „Du hast einen phantastischen Geschmack, die neue Hose steht dir super" bis hin zu „Toll, daß du die Klospülung repariert hast. Du hast echt ein Händchen für sowas".

Die einzige Gefahr hierbei ist Ironie. Es kommt im allgemeinen nicht besonders gut beim Gegenüber an, wenn Sie sich beim Loben schwertun und versuchen, das Kompliment ironisch zu unterwandern. „Du bist ja ein ganz toller Hecht" kann ebenso schief aufgenommen werden wie „Ja, mein Frauchen, hattu fein gemacht". Ziehen Sie sich also weder auf Verniedlichungen zurück noch auf Übertreibungen, sondern bleiben Sie im Ton sachlich. Stellen Sie sich vor, wie Sie eine Kollegin loben würden. In diesem Ton plus – je nach Gusto – einem Hauch von Zärtlichkeit sollten Sie Ihren Partner beglücken.

Idealerweise bleiben Sie hierbei bei einer konkreten Situation. Das heißt nicht, daß Sie Ihrem Partner nicht ab und zu sagen können, daß Sie ihn als Menschen phantastisch finden und Sie unheimliches Glück hatten, ihn kennengelernt zu haben. Manchmal können allgemeine Statements allerdings auch Druck ausüben.

Stellen Sie sich folgendes vor. Die letzten Tage waren richtig anstrengend. Sie haben unter Ihrem prämenstruellen Syndrom gelitten und Ihr Partner unter seinem Chef. Wegen jeder Kleinigkeit bekamen Sie sich in die Haare. Er brauchte Sie nur schief anzusehen und schon kamen Ihnen die Tränen oder Sie fuhren die Krallen aus. Sie waren froh, wenn Sie beide Ihrer Arbeit nachgehen konnten und sich möglichst wenig über den Weg liefen. Dieses Buch kannten Sie noch nicht, dementsprechend sah Ihre Streitkultur aus. Sie hatten sich alles mögliche an den Kopf geworfen und waren drauf und dran, die Koffer zu packen. Aber eigentlich lieben Sie sich doch. So, Sie haben sich zusammengerauft und einen Kurzurlaub beschlossen. Ab an die See. Sie fahren den Wagen, Ihr Partner sitzt daneben. Sie hängen hinter einem LKW und warten auf einen günstigen Augenblick, dieses lahme Gefährt zu überholen, wollen aber kein Risiko eingehen. Ihr Partner neben Ihnen wird schon zappelig. „Mensch, nun seh' doch langsam mal zu, daß du diese Karre überholst" entfährt es ihm, um sich im nächsten Moment zurückzupfeifen und zu sagen „Ooops, tut mir leid, Schatz, ich weiß, du fährst und kannst es nicht ausstehen, wenn ich mich einmische. Sorry!"

Sie sind ganz gerührt über diese Seele von einem Mann und wie lernfähig er ist. „Uns kann nichts mehr passieren, wir schaffen alles, du hast dich ja um 180 Grad verändert. Toll!"

Naja, nicht direkt schlecht. Aber unter Umständen fühlt sich der sensible Beifahrer und Lebenspartner unter Druck gesetzt und denkt so etwas wie „Nun ja, ich habe es gerade noch geschafft, mich zurückzupfeifen, weil ich keinen Streit wollte, aber ob ich das immer hinkriege? Keine Ahnung".

Es ist unter Umständen für den Partner einfacher, wenn Sie bei der Situation bleiben. „Das fand ich jetzt gerade richtig klasse, daß du dich zurückgepfiffen hast, als du mir beim Autofahren reinreden wolltest." Mit dieser Äußerung schaffen Sie einen klassischen positiven Verstärker. Ihr Partner begreift: „Aha, sie hat meine Bemühung bemerkt. Ich weiß, daß sie es haßt, wenn ich ihr beim Autofahren dazwischen quatsche. Sie lobt mich. Wunderbar. Ich werde mir weiterhin Mühe geben, auch wenn es schwer fällt, so wie sie manchmal am Mittelstreifen entlang kriecht oder Überholmanöver hinauszögert. Ich werde versuchen, auch beim nächsten Mal darauf zu achten." Mit einem generalisierenden „Du hast dich ja um 180 Grad geändert", setzen Sie Ihren willigen Gefährten eventuell unter Forderungsdruck. Der Berg scheint ihm zu hoch, und er ist sich noch gar nicht so sicher, daß er da auch immer rüber kommt und Ihnen nie wieder reinreden wird. Politik der kleinen Schritte ist hier leichter verdaulich.

Also versuchen Sie, die Bemühungen Ihres Partners konkret zu unterstützen und zu loben. Wenn Ihnen partout nichts einfällt, was Sie diesem Trottel von einem Partner Positives sagen könnten, sollten Sie, bevor Sie zu Kapitel „Krisenmanagement" blättern, und etwas über die Trennung lesen, folgendes versuchen:

Schenk mir doch ein kleines bißchen Liebe

Es ist oft nicht einfach, aus eingefahrenen Denk- und Verhaltensmustern auszubrechen. Wenn Sie also gewohnt sind, eher das Negative zu betonen, ist es schwierig, spontan die positiven Seiten des Partners herauszustellen.

Geben Sie sich einen Ruck und holen Sie sich einen Zettel. Setzen Sie sich an den Tisch und überlegen Sie. Irgendwas werden Sie doch hoffentlich an Ihrem Partner schätzen. Schreiben Sie es auf:[63]

Ich mag an Stefan . . .

- daß er ein guter Heimwerker ist.
- daß er nicht so anspruchsvoll ist, was das Essen anbelangt.
- daß er den Abwasch macht.
- daß er mir immer wieder Blumen mitbringt.
- daß er so gut organisieren kann und mich mit den Finanzen entlastet.
- daß er sich fit hält.
- daß er so optimistisch ist.

Schreiben Sie alle Eigenschaften auf, die Ihnen einfallen. Hierbei sollten Sie möglichst Persönlichkeitsmerkmale notieren und weniger auf die optische Komponente setzen. Die ist leider vergänglich.

Männersache:

Wenn Sie als männlicher Leser also geschrieben haben:
Ich mag an Marion
- *ihren großen Busen*
- *ihren knackigen Hintern*
- *ihre faltenfreie Haut*
- *ihre zarten Hände . . . und mehr ist Ihnen nicht eingefallen, dann sollten Sie noch einmal in sich gehen, ob das wirklich Ihre Hauptkriterien sind. Wenn ja, kommen Sie mit diesem Buch·nicht weiter, denn auch*

158

Marion wird in keinen Jungbrunnen steigen können. Irgendwann wird der Zahn der Zeit anfangen, an ihr zu nagen. Wenn Ihre Partnerschaft dann nur auf den tönernen Füßen vergänglicher körperlicher Attribute steht, sieht es für die Zukunft eher düster aus.

Es ist nicht so einfach, sich klar zu machen, was man am Partner schätzt und das auch noch aufzuschreiben, ohne es ins Lächerliche zu ziehen. Wenn Sie diese Liste geschrieben haben, heben Sie diese auf und machen Ihrem Partner jeden Tag ein anderes kleines Kompliment. Es wäre schon günstiger, wenn es nicht zu aufgesetzt erscheint. Wenn er die Klospülung vor einem halben Jahr repariert hat, ist es nicht so sinnvoll, ihn beim Fußballschauen zu unterbrechen und ihm zu sagen: „Schatz, ich finde es ganz toll, wie du Klospülungen reparieren kannst." In diesem Fall wird er Sie vermutlich nur verdattert ansehen und Sie fragen, ob Sie Fieber haben.

Diese kleine Übung können Sie ruhig auch Ihrem Partner zumuten. Vielleicht glückt es Ihnen am Anfang nicht ohne Kichern, das Kompliment auszusprechen. Macht nichts. Es geht einfach nur darum, einen Plus-Puffer in der Partnerschaft zu schaffen. Sich darin zu üben, die positiven Seiten des Partners nicht als Selbstverständlichkeiten hinzunehmen und über die negativen zu meckern.

Und wenn Sie etwas zu beanstanden haben, ist es in einem positiven Grundklima einfacher, es humorvoll und freundlich anzusprechen, als wenn Ihnen die Nackenhaare permanent zu Berge stehen.

Wenn Sie Ihrem Partner mit liebevoller Ironie deutlich machen, daß Sie ein Verhalten von ihm nicht so begeisternd finden, kann er es vermutlich besser annehmen, als wenn Sie ihn anschnauzen.

„Mensch, Liebling, du hast dich ja richtig ins Zeug gelegt. Nur anderthalb Stunden im Bad statt der üblichen drei", ist ein Versuch, der bei angespanntem Klima allerdings nach hinten losgehen kann.

Zweck der Übung ist es, Ihre Gewohnheiten zu brechen, zumal, wenn Sie ungünstige Auswirkungen auf Ihre Partnerschaft haben können.

Rituale statt Routine

Es ist natürlich wunderbar, wenn Sie und Ihr Partner sich eine Menge netter Dinge sagen. Wenn es allerdings allein bei den Worten bleibt, reicht das bei weitem nicht aus. Gemäß dem guten alten Goethespruch „Der Worte sind genug gewechselt, laßt mich auch endlich Taten sehen", ist es wichtig, dem Partner durch kleine Gesten und Zärtlichkeitsbekundungen zu zeigen, daß man ihn liebt.

Ganze 30 Prozent der Paare wünschen sich mehr Zärtlichkeit in der Partnerschaft. Interessanterweise sind es keineswegs die Frauen, die hier nach Streicheleinheiten lechzen, sondern sogar 31 Prozent der befragten Männer.[64] Sie geben Ihrem Partner jeden Tag einen liebevollen Klaps auf den Hintern, was sollen Sie denn noch tun, fragen Sie? Eine ganze Menge.

Nehmen wir mal folgende Beispiele. Sie können dann entscheiden, welches Ihnen in der jeweiligen Situation am besten gefällt.

Erstes Beispiel:

Situation 1

Sie wachen morgens auf und blicken verknautscht dem Tage und dem Partner ins Angesicht. Danach grunzen Sie ein undefinierbares „Moin" und verlassen fluchtartig das Bett.

160

Situation 2

Sie werden wach und blinzeln Ihren Bettgefährten an. Sie lächeln und begrüßen ihn mit „Na, gut geschlafen, mein Liebling?" und hauchen ihm einen Kuß auf die unrasierte Wange.

Na, welche gefällt Ihnen besser? Sie haben sich für Situation 1 entschieden. Sie sind ein Morgenmuffel, hassen unrasierte Männer und wollen morgens niemanden küssen, schon gar nicht vor dem Zähneputzen. Muß ja auch nicht sein, aber vielleicht ist ein kleines Lächeln und eine kurze Begrüßung machbar. Zumindest sollten Sie sich Bemerkungen wie „Irgendwie bist du jünger als du aussiehst" verkneifen.

Zweites Beispiel:

Situation 1

Sie sitzen mit Ihrem Partner am Frühstückstisch, beide hinter einer Zeitung vergraben. Wortlos knabbert jeder von ihnen an seinem Toast. Schließlich verschwinden Sie unter der Dusche und als Sie zurückkommen, ist Ihr Partner schon zur Arbeit verschwunden.

Situation 2

Sie sitzen mit Ihrem Partner am Frühstückstisch, beide hinter einer Zeitung vergraben. Wortlos knabbert jeder an seinem Toast. Schließlich verschwinden Sie unter der Dusche und während Sie sich shampoonieren, klopft Ihr Partner an die Tür, ruft Ihnen ein „Tschüß, bis heute abend" zu.

Situation 3

Sie sitzen am Frühstückstisch und plaudern miteinander. Sie erzählen, daß Sie heute endlich mal mit der Kollegin aus der Buchhaltung reden wollen, die schon seit Wochen Ihre Unterlagen zurückhält. Ihr Partner hört Ihnen zu, kommentiert Ihr Vorhaben und erzählt seinerseits, daß er nach der Arbeit vorhat, endlich zum Baumarkt zu fahren, um Blumenkästen zu besorgen. Er fragt Sie, ob Sie Lust haben mitzukommen. Er gießt Ihnen Kaffee nach und verabschiedet sich nach dem Frühstück von Ihnen mit einem Kuß, bevor Sie ins Bad verschwinden, um zu duschen.

Na, welche Situation gefällt Ihnen am besten? Situation 3 ist Ihnen zu unrealistisch, Sie nehmen 2, da brauchen Sie wenigstens am frühen Morgen nicht zu reden. Ist in Ordnung, Sie Morgenmuffel, worauf es ankommt ist auch nur die Verabschiedung. Das kleine Ritual gegen die Gleichgültigkeit, welches dem Partner das Gefühl gibt „Du bist mir wichtig".

Letztes Beispiel:

Situation 1

Sie kommen nach Hause, werfen Ihre Aktentasche in die Ecke und sich selbst vor den Fernseher. Wo sich Ihr Partner gerade herumtreibt, ist Ihnen eigentlich egal, Sie wollen jetzt erst einmal Ihre Ruhe.

Situation 2

Sie kommen nach Hause. Ihr Partner stürmt auf Sie zu, gefolgt von den Kindern und dem Hund. Alle reden (oder bellen) auf Sie ein und erzählen Ihnen was sie heute alles Tolles erlebt haben, daß leider Ihre Lieblingstasse zerbrochen ist und daß der Hund plötzlich Flöhe hat.

162

Sie kommen nach Hause, rufen „Hallo, ich bin wieder da!",
woraufhin Ihr Partner um die Ecke kommt, Sie mit einem
Kuß begrüßt und sagt „Komm erstmal in Ruhe an. Möch-
test du einen Tee? Das Essen ist in einer halben Stunde
fertig".

Sie haben Situation 1 gewählt. Situation 2 ist der pure Hor-
ror und Situation 3 völlig unrealistisch. Wieso?
   Erinnern Sie sich an das Kapitel über „Freiheit". Da ging
es genau darum, sich mit dem Partner Spielregeln auszudenken, um Ihre Bedürfnisse besser ausleben zu können.
   Gemeinsame Spielregeln sind zum Beispiel so etwas,
wie zehn Minuten „Auszeit" direkt nach dem Nachhause-
kommen. Die Meldung der Tageskatastrophen erfolgt also
erst nach einer kurzen Erholungsphase. Das Sahnehäub-
chen auf diese Spielregeln ist das kleine zärtliche Ritual.
Sei es der Abschieds- oder der Begrüßungskuß, egal wie gestreßt der Partner ist. Man kann sich schließlich kurz einmal die Hände abwischen, die Steuererklärung für zwei
Minuten unterbrechen oder sich vom Sofa hochstemmen.
Derjenige, der nach Hause kommt, wird wohl auch im
Falle völliger Ermattung noch in der Lage sein, ein „Tag,
Schatz, bin wieder da" zu hauchen und dazu die Lippen zu
einem Kuß zu stülpen, bevor er auf die Couch fällt. Ein besonders nettes und wichtiges Ritual ist die nächtliche Verabschiedung. Nein, nicht die „Schatz, ich geh jetzt in die
Kneipe"-Nummer, sondern das gemeinsame Zubettgehen.
   Anstatt sich den Rücken zuzudrehen und wortlos das
Licht auszuknipsen, ist es unserer Meinung nach um vieles
netter, den Partner vor der Verdunkelung noch einmal an-
zulächeln. Es könnte sich sogar positiv auf Ihre Träume
auswirken.
   Rituale, Rituale, wir sind doch nicht in der Kirche, sagen Sie. Das nicht, aber was glauben Sie wohl, weshalb man
es dort macht? Rituale schleifen sich ein und nicht ab.

Der Vorteil dieser gewohnheitsmäßigen Gesten ist es, daß man sich auch im Krisenfall leichter an sie halten kann und sie einem unter Umständen helfen, Trotz und Wut schneller zu überwinden. Darüber hinaus fallen sie in die Kategorie der Pluspuffer und tragen dazu bei, in Ihrer Partnerschaft ein liebevolles Grundklima zu schaffen.

Rituale schaffen Gewohnheitsmuster, die sich stabilisierend auswirken. Da sind sich Psychologie und Religion einig. Wenn diese Gewohnheitsmuster positiv sind, kommt das einer Partnerschaft zugute. Im negativen wirkt das natürlich umgekehrt.

Sicher wissen Sie, daß es für Kinder wichtig ist, feste Zeiten zu haben, zu denen sie Mahlzeiten einnehmen oder daß Kinder Wiederholungen lieben. Das fällt in die gleiche Kategorie. Kinder brauchen diese Regelmäßigkeiten um sich sicher und geborgen zu fühlen. Wieso sollten Sie dieses Wissen nicht zum Wohle Ihrer Partnerschaft nutzen?

Neben den zärtlichen Gesten und Körperkontakten gibt es eine ganze Menge weiterer Möglichkeiten, den Beziehungsalltag zu durchbrechen. Wir wollen Ihnen einige Beispiele geben.

Memories are made of this

Sie sind nun schon einige Jahre mit Ihrem Partner zusammen. Sie sind sich auch noch treu und eigentlich ganz zufrieden. Allerdings machen Sie sich ein bißchen Sorgen um den Abnutzungseffekt. Sie haben Ihre Routinen, und es gibt in letzter Zeit wenig Neues und vielleicht auch wenig Gemeinsames in Ihrer Partnerschaft. Sie leben ein bißchen nebeneinander her. Manchmal denken Sie wehmütig daran, wie leidenschaftlich und verliebt alles angefangen hat. Sie haben das Gefühl, daß die Alltagsroutine den Zauber der ersten Zeit aufgefressen hat. Schade eigentlich. Natürlich läßt sich ein gewisser Abnutzungseffekt durch das tägliche Einerlei nicht ganz vermeiden, und Sie können auch keine 180 Grad-

Drehung erwarten, Sie können jedoch dafür sorgen, daß der frühere Zauber nicht gänzlich in Vergessenheit gerät.

Erinnern Sie sich öfter gemeinsam an alte Zeiten. Kramen Sie vielleicht sogar alte Fotos raus. Lassen Sie den Fernseher aus und zelebrieren Sie Ihre schönen Erinnerungen. Wie war es damals, als Sie sich kennenlernten? Als Sie ihm vor lauter Verlegenheit und tapsiger Unsicherheit das klebrige Milchshake in den Schoß gegossen haben. Darüber könnten Sie sich heute noch kringeln vor Lachen? Na, dann tun Sie es doch und erinnern Sie auch Ihren Partner daran. Schwelgen Sie in der Vergangenheit. Diese Erinnerungen kann Ihnen keiner nehmen. Dadurch haben Sie eine gemeinsame Basis, die so schnell keine Konkurrenz besetzen kann. Vorausgesetzt, Sie haben in Ihrer Partnerschaft ein Treuefundament geschaffen.

Wenn Sie allerdings zusammen auf der Couch sitzen und beim Anblick alter Fotos in Tränen ausbrechen und dann sagen: „Damals warst du noch gut in Form, wenn ich mir dich heute so angucke, es ist zum Heulen", ist das nicht so ideal. Es wird Ihren Partner vermutlich auch nicht begeistern, wenn Sie vorwurfsvoll quengeln „Damals hast du mich noch wie ein junger Gott auf dem Küchentisch geliebt, heute klappt es noch nicht mal mehr mit Reizwäsche im Bett".

Alte Fotos sind nur eine Möglichkeit, lassen Sie Ihrer Phantasie freien Lauf. Es ist ein Fehler vieler Paare, daß Sie nach der ersten heißen Phase der Verliebtheit oder nach der Eheschließung in einer gewissen Gleichgültigkeit versinken. Man erwartet eine diffuse Eigendynamik von der Beziehung. Wir lieben uns, und das wird auch so bleiben. Wird es auch, nur muß man auf Veränderungen gefaßt sein und ein gewisser Gewöhnungseffekt wird nicht ausbleiben. Auf der anderen Seite ist es genau diese Vertrautheit, das Wir-Gefühl und Kennen des Partners, worin die feste ideelle Basis der Treue liegt. Wieso sollte man diese Vertrautheit durch einen Seitensprung belasten, wenn nicht gar zerstören? Aus Langeweile, sagen Sie? Na, dann bauen Sie der Langeweile vor.

Kleine Gesten erhalten die Liebe

Ein altes Hamburger Ehepaar feierte letztens seinen 65. Hochzeitstag und beide strahlten glücklich in die Kamera des Lokalreporters. Auf die Frage, was das Rezept ihrer guten Ehe sei, sagte der Mann, er habe seiner Frau 65 Jahre lang jede Woche eine Rose mitgebracht und wenn er mal verreist sei, habe er ihr immer eine Ansichtskarte geschrieben.

Das ist genau die Aufmerksamkeit, die eine Liebe lebendig erhält. Und es reichen kleine Gesten. Es muß nicht das gemietete Flugzeug sein, das aus Farbdüsen „Maria, ich liebe Dich" an den Himmel sprüht. Es muß auch nicht das sündteure Bouquet aus lachsfarbenen Orchideen sein. Es muß noch nicht mal die wöchentliche Rose sein. Aber ab und zu eine zärtliche Geste, das muß sein.

Der Phantasie sind keine Grenzen gesetzt. Wenn Ihnen die wöchentliche Regelmäßigkeit widerstrebt und Ihnen das mit den Rosen – Ritual hin, Ritual her – zu bieder oder zu vorhersehbar ist, bestehen andere Möglichkeiten, sich kleine Überraschungen auszudenken und auch zu machen.

Natürlich sollte man sich sicher sein, daß der Partner sich darüber freut.

Wenn Sie beispielsweise als Überraschung Karten für das Europa Cup-Finale besorgt haben, sollten Sie sicher sein, daß Ihr Partner auch Fußballfan ist und nicht nur Sie selber. Das gleiche gilt für Karten einer Modenschau in Ihrem Lieblingskaufhaus.

Auch gilt es, etwaige Gegenreaktionen mit einzukalkulieren. Wenn Sie beispielsweise Ihren Partner damit überraschen wollen, daß Sie das Kanapee in den Flur schieben und sich nackt mit einer Rose zwischen den Zähnen darauf drappieren, dürfen Sie nicht allzu sehr enttäuscht sein, wenn er Ihnen „später vielleicht" zuraunzt und Ihnen mit den Worten „Hatte einen schweren Tag, mir ist nicht nach Sex", einen Bademantel zuwirft.

Es gilt also auch hier, die Bedürfnisse des Partners mit einzukalkulieren. Das mit dem Kanapee war im Prinzip eine tolle Idee und hätte klappen können. Es war allerdings recht gewagt.

Je nach Budget und Haushaltskasse, kann man auch etwas kostspieligere Rituale pflegen. Etwa ab und zu im Hotel zu übernachten, statt tagtäglich an der heimischen Matratze zu lauschen. Es gibt in den meisten Hotels vergleichsweise günstige Wochenendpauschalen. Es kann auch die kleine Gewohnheit sein, sonntags Brötchen holen zu gehen und dem Partner das Frühstück ans Bett zu bringen.

Es gilt in der Partnerschaft wie in „normalen" Freundschaften der alte Leitsatz „Kleine Geschenke erhalten die Freundschaft", von der Kinokarte bis zum Blumenstrauß, von der Lieblingsschokolade bis zum Wohlfühlwochenende.

Eines der simpelsten Rituale ist das gemeinsame Abendessen. Das heißt nicht, daß sich einer von Ihnen stundenlang in die Küche stellen muß, um jeden Tag ein Gourmetmenü aus dem Topf zu zaubern. Das gemeinsame Abend-Brot tut es auch. So kommen Sie wenigstens einmal am Tag in Ruhe zusammen und haben Zeit, sich zu unterhalten. Der unsinnige Urväterspruch „Bei Tisch wird nicht gesprochen", der Generationen zu schweigenden Nahrungsvertilgern machte, ist hoffentlich auch in Ihrem Haushalt längst zugunsten eines netten Tischgesprächs getilgt worden.

Wider die Wickel

Sie sind vermutlich auch schon einmal über einen Cartoon gestolpert, in dem Ehefrauen karikiert wurden, die im Morgenmantel und mit Lockenwicklern ihre Tage fristeten. Sie sitzen gerade mit Lockenwickeln und Gurkenmaske auf der Couch und lesen dieses Buch? Kein Problem, solange Sie diesen außerirdischen Anblick nicht jeden Tag aus purer Gewohnheit und Bequemlichkeit bieten. Da muß Ihr Partner durch, sagen Sie. Er hat Sie um Ihrer inneren Werte willen zu lieben und Sie haben es gerne leger. Auch das ist im Prinzip nicht verkehrt, aber eine Frage der Dosierung.

Sie müssen sich nicht den Streß machen und ständig auf Ihr Aussehen achten. Klar dürfen Sie zu Hause unge-schminkt und in Jogginghosen herumlaufen, solange der Unterschied klar ist zwischen legerer Ungezwungenheit und Sich-gehen-Lassen. Wenn Sie das Gefühl haben, den Mann habe ich sicher, und ab dem Tag Ihrer Hochzeit beschließen, das Leben im Bademantel zu fristen, ist das nicht unbedingt treuefördernd.

Stellen Sie sich den umgekehrten Fall vor. Ihr Partner läuft zu Hause nur noch mit seiner neuen Feuchtigkeits-maske für rauhe Männerhaut, im Unterhemd und mit Schlafanzughose durch die Gegend.

Es geht hier weniger um Äußerlichkeiten als vielmehr darum, sich nicht gehen zu lassen.

Auch wenn es Ihnen spießig erscheint, aber ein bißchen heimische Etikette wirkt der Gleichgültigkeit entgegen.

Wenn Sie beispielsweise allen Körperfunktionen freien Lauf lassen und davon ausgehen, daß sich Ihr Partner daran zu gewöhnen hat, daß Sie sich in seiner Gegenwart an den Genitalien kratzen, im Bett munter vor sich hin pupsen oder Ihre Hygienehandlungen nur bei offener Badezimmer-tür vornehmen, ist das riskant.

Es gibt diesen feinen Unterschied zwischen Ungezwun-genheit und Unachtsamkeit. Ungezwungenheit ist einer guten Partnerschaft eher zuträglich, weil sie helfen kann, Barrieren abzubauen und Intimität zu schaffen. Man braucht kein Blatt vor den Mund zu nehmen und sich vor dem Partner nicht zu schämen. Unachtsamkeit jedoch wirkt sich gegenteilig aus. Empfindlichkeiten des Partners werden unter Umständen mißachtet, und der Zauber kann verloren gehen. Der Zauber, der durch die Unterschiedlich-keit der Partner entsteht und sich daraus speist, daß jeder seine kleinen intimen Bastionen behält.

Unachtsamkeit bezieht sich nicht nur auf die Körper-lichkeit, sondern auch auf andere Verhaltensweisen.

168

Checkliste: Unachtsamkeit

Unter der Voraussetzung, daß Sie es nicht vorsätzlich tun, könnte es ein Zeichen von Unachtsamkeit sein,

- wenn Sie ständig den Klosettdeckel oben lassen, obwohl Sie schon x-mal gebeten wurden, es nicht mehr zu tun
- wenn Sie Ihr benutztes Geschirr auf dem Tisch stehen lassen, statt es in die Spülmaschine oder zum anderen Abwasch zu stellen
- wenn Sie Ihre Socken abends immer neben das Sofa werfen und dort regelmäßig vergessen
- wenn Sie beim Abwaschen andauernd Geschirr zertrümmern
- wenn Sie Ihre Zahnpastatube nie zuschrauben
- wenn Sie Ihre Lockenwickel neben die Butter legen
- wenn Sie Honiggläser nie richtig zuschrauben

Sie sollen sich nicht zum Pedanten erziehen, aber vielleicht ein bißchen aufmerksamer durch den Alltag laufen. Insbesondere, wenn Sie auf die ein oder andere Gegebenheit von Ihrem Partner schon vermehrt hingewiesen wurden. Wie viele Scheidungen wegen unverschlossener Zahnpastatuben eingereicht wurden, ist unbekannt, aber es ist wohl wirklich wahr, daß derartige Banalitäten Zündstoff beinhalten. Meistens sind es die Kleinigkeiten, die uns auf den Wecker gehen und die man mit etwas mehr Aufmerksamkeit vermeiden könnte.

Auch von Geburts- und Hochzeitstagen muß hier die Rede sein.

Sie haben vermutlich auch schon einmal Freundinnen darüber klagen gehört, daß der Partner ihren Geburtstag vergessen hat oder es kein Geschenk gab. Vielleicht haben Sie auch nur darüber gelesen.

Es ist eigentlich schade, weil es wohl kaum jemanden

gibt, dem es nichts ausmacht, wenn der eigene Geburtstag vergessen oder für unwichtig erklärt wird.

Ob Sie es nun als Ritual oder als Aufmerksamkeit einstufen, in jedem Falle gilt es, diese Feiertage zu zelebrieren.

Es muß nicht der teure Nerz sein. Gegen den kann man allein aus Tierschutzgründen einiges einwenden. Aber ein Geschenk gehört einfach dazu.

Sie sind arbeitslos, haben kein Geld und Phantasie fehlt Ihnen auch. Damit sind Sie noch lange kein hoffnungsloser Fall. Immerhin haben Sie an den Geburtstag gedacht, und sei es, weil Sie es sich dick aufgeschrieben haben und Jahr für Jahr alle Termine in Ihr neues Notizbuch übertragen. Es wird doch irgend etwas kleines Nettes geben, was Ihr Partner mag. Sie müssen nicht monatelang an einem Pulli oder Schal stricken. Vielleicht fällt Ihnen etwas anderes ein. Hat er Hobbys, hat er Laster?

Irgend etwas wird Ihnen schon in den Sinn kommen. Die Hauptsache ist, daß Sie den Termin nicht ignorieren.

Sie denken immer an seinen Geburtstag, nur Ihr Partner nicht an Ihren. Das ist natürlich ärgerlich, aber auch kein Drama. Zumindest nicht, wenn Sie nicht jedes Jahr wieder mit leuchtenden Augen da sitzen und auf seine gewaltige Überraschung warten, die einfach nicht kommt. Blättern Sie zurück zum Kapitel „Streitkultur" und machen Sie dieses Geburtstagsdilemma zum Thema, nur möglichst nicht gerade dann, wenn Sie vor Wut kochen. Sie können zum Beispiel nach dem Profi-Schema versuchen, gemeinsam eine Lösung zu finden.

Sport, Spiel, Spannung

Nach „mehr Gesprächen" stand der Punkt „Mehr Gemeinsamkeiten" an zweiter Stelle der schon mehrfach zitierten Partnerschaftsumfrage. 44 Prozent der Paare wünschten sich mehr Gemeinsamkeiten, sogar 48 Prozent bei den Männern. Naja, kein Wunder, sagen Sie, klar fände er es

toll, wenn ich in jeder freien Minute mit ihm auf dem Fußballplatz herumhängen würde oder mich für seine Kak-
teenzucht begeistern und die stachligen Dinger umtopfen
würde. Von Fußball habe ich keine Ahnung und von Kak-
teen kriege ich Ausschlag. Und umgekehrt? Soll ich ihn
etwa zum Töpferkurs mitschleppen? Der Mann hat zwei
linke Hände und bekommt nicht einmal eine Sandburg
gebaut, geschweige denn eine Vase gebacken. Es geht nicht
darum, daß Sie Ihre Hobbys zusammenwerfen oder sich
zähneknirschend zu etwas zwingen sollen, aber man kann
sich durchaus etwas Gemeinsames schaffen.

Er liebt weiterhin seine Kicker und Sie Ihre Keramik. Jedem das Seine. Aber mit ein bißchen Phantasie und gutem
Willen lassen sich doch durchaus gemeinsame Interessen
schaffen. Es muß nicht gleich ein komplett neues zeitauf-
wendiges Hobby sein. Vielleicht können Sie sich zusammen an der Natur ergötzen und laufen statt zum Sportplatz
gemeinsam durch Wald und Wiesen.

Holen Sie sich einen Zettel und schreiben Sie auf wozu
Sie am Wochenende Lust hätten. Schreiben Sie drei verschiedene Aktivitäten auf.[65]

Auf Ihrem Zettel könnte zum Beispiel stehen:

1. Töpfern
2. Töpfern
3. Töpfern

In diesem Fall wäre es Ihrer Partnerschaft förderlich, wenn
Sie Punkt 2 und 3 noch einmal überdenken würden. Wie
wäre es mit:

1. Töpfern
2. Picknick am See
3. Zoobesuch

und idealerweise ersetzen Sie Punkt eins durch eine andere Aktivität, die Sie mit Ihrem Partner teilen können, weil
Sie ja wissen, daß es mit Ihrem Partner und den Vasen so
eine Sache ist.

Auch Ihr Partner sollte sich mit dieser 3-Punkte-Liste beschäftigen.

Vielleicht kann er sich vorstellen, am Wochenende nicht zum Fußballplatz zu gehen, sondern folgende Aktivitäten zu planen:

1. über den See rudern
2. Sauna
3. mal wieder richtig gut italienisch essen gehen

Na, ist das kein Angebot? Jetzt haben Sie zwei Möglichkeiten. Entweder einigen Sie sich auf eines der Angebote oder Sie dürfen sich aus der Liste des Partners eines aussuchen, was Sie dann auch organisieren.

Das heißt, Sie tauschen die Listen und für das nächste Wochenende wählen Sie „mal wieder richtig gut italienisch essen gehen" aus. Nun ist es an Ihnen, einen Tisch zu bestellen. Am übernächsten Wochenende ist dann ein Punkt aus Ihrer Liste dran.

Dann ist es Aufgabe Ihres Partners, zum Beispiel das Picknick am See zu organisieren. Wenn er Sie dann auch noch über denselben rudert, können sie beide glücklich sein, oder?

Eine Alternative könnte es sein, sich einmal im Monat wechselweise mit einem netten Abend zu überraschen.

Nehmen wir folgendes Beispiel: Sie losen aus, wer als erster einen Abend planen soll. Sie gewinnen und sind für März verantwortlich. Sie kaufen für einen Freitag im März Kinokarten, reservieren danach einen Tisch in einer Bar und machen es sich richtig nett. Im April lädt Sie Ihr Partner dann vielleicht zu einem Abend auf dem Rummel ein, spendiert Ihnen Zuckerwatte bis zum Abwinken und Sie fahren seit langem zum ersten Mal wieder Achterbahn. Im Mai sind Sie wieder dran und besorgen Konzertkarten sowie die Häppchen und den Prosecco vorab. Jede dieser Lösungen setzt natürlich immer ein Gespür für die Bedürfnisse des Partners voraus. Wenn Sie genau wissen, daß ihm von Zuckerwatte und Achterbahn schlecht wird, ist diese Abendplanung nicht gerade ideal. Das gleiche gilt für den Fall, daß Ihr Partner Klassik verabscheut und Sie ihn mit einem Kammermusikabend überraschen.

Denken Sie partnerschaftlich und stellen Sie Ihr Ego hinten an.

Was nicht jedermanns Sache ist, bei Gefallen jedoch sehr nett sein kann, sind gemeinsame Spiele.

Vor'm Bett ans Brett

Gemeinsam zu spielen kann eine sehr amüsante und verbindende Angelegenheit sein. Es kann allerdings nach hinten losgehen, wenn Sie Ihren gesamten Ehrgeiz darauf verwenden, Ihrem Partner beim Spielen das Fell über die Ohren zu ziehen. Wenn Sie also schummeln, zu offensichtlich über sein Pech feixen oder ihm mitleidig signalisieren, daß er zwar sonst ein ganz netter Mann ist, aber ihm für Schach einfach der Grips fehlt, leidet natürlich der vereinende Effekt des gemeinsamen Spielens.

Wenn Ihr Partner nichts mehr haßt als idiotische Gesellschaftsspiele, ist vermutlich Hopfen und Malz verloren. Die Geburtstagsüberraschung in Form einer 1000-Spiele Sammlung wird wahrscheinlich nicht auf die erhoffte Begeisterung stoßen. Es soll auch schon vorgekommen sein, daß sich Spielpartner mit Canastakarten beworfen haben, wenn es mit dem ausgeglichenen Erfolg so gar nicht klappen wollte. Andere haben sich Schachcomputer gekauft und heimlich geübt, um die Partnerin beim nächsten Hirnmatch mit einer unerwartet genialen Eröffnung in drei Zügen Matt zu setzen. Das gemeinsame Spiel birgt durchaus ein gewisses Gefahrenpotential und setzt die Fähigkeit voraus, verlieren zu können, ohne daß danach am eigenen Wert oder der Liebe des Partners gezweifelt wird. „Du Schuft hättest mich schließlich auch mal gewinnen lassen können" gehört in die Schublade kleinkindhafter Reaktionen und hat in einer gleichberechtigten Partnerschaft nichts verloren. Wenn es Sie also zum Kochen bringt, daß Ihr Partner Sie im Spiel besiegt, haben Sie zwei Möglichkeiten: Entweder üben Sie und werden langsam besser oder Sie verlagern Ihre Gemeinsamkeiten besser auf andere Spielfelder, wo nicht jedes Mal die Fetzen fliegen. Gleiches gilt für mörderische Squashwettkämpfe, Joggingwettläufe bis an den Rand des Herzinfarkts oder Tennismatches, die mit Armbrüchen oder Bänderriß enden. Spiel und Sport kann eine Partnerschaft durch den Spaßeffekt beleben, sollte aber nicht zum hemmungslosen Aggressionsabbau oder „Jetzt zeig ich's ihm aber" mißbraucht werden.

Ihrer Phantasie sind kaum Grenzen gesetzt, was die gemeinsamen Aktivitäten anbelangt, aber nutzen Sie diese und verlassen sie sich nicht darauf, daß der gemeinsame Lustgewinn vor dem Fernseher ausreicht, Ihre Partnerschaft für die nächsten 30 Jahre zu beleben.

Lust auf Lust oder wie Sex wieder sexy wird

Während die sexuelle Spannung in Laufe einer Beziehung im allgemeinen abnimmt und langjährige Partner eher selten von wilder Lust getrieben übereinander herfallen, wächst mit der Zeit die Zärtlichkeit. Je besser man sich kennt und aufeinander einläßt, desto zärtlichere Gefühle entwickelt man für die Stärken und Schwächen des Partners. Die Zärtlichkeit ist die wahre Essenz der Liebe. Sex ist wichtig, aber nicht das Wichtigste an einer Beziehung. Er wird oftmals überbewertet und ist keineswegs das Salz in der Beziehungssuppe, allerdings sollte er auch nicht das Haar in derselben sein. Paare berichten immer wieder, daß ihnen die Lust auf Lust abhanden gekommen ist und sie sich lieber in Ausreden flüchten als ins heimische Lotterbett. Doch die Lust kann wieder wachgeküßt werden.

Legenden der Leidenschaft, Teil 1

Gehören Sie auch zu den Menschen, die davon träumen, daß Ihre Liebe von lodernder Leidenschaft bestimmt wird, die niemals abnimmt? Sind Sie der Auffassung, daß es mit der Beziehung zu Ende geht, wenn es mit dem Sex nicht mehr so klappt wie am Anfang? Stehen Sie vielleicht sogar unter dem Druck, ständig Ihre sexuelle Attraktivität beweisen zu müssen? Dann sollten Sie weiterlesen, sich entspannen und hier ein paar Anregungen holen. Wenn Sie nicht der obigen Auffassung sind, bleiben Sie trotzdem dran, einige Punkte werden sicher auch Sie interessieren.

Werfen wir einen kleinen Blick zurück auf die Geschichte der Partnerschaften.[66]

Die romantische Liebe von heute ist ein sehr junger Sproß der partnerschaftlichen Entwicklung. Bis noch vor wenigen Jahrzehnten sah es ganz anders aus. Die Basis einer Ehe waren gemeinhin in adligen wie in bäuerlichen Kreisen wirtschaftliche Überlegungen. Eine kräftige Hand zum Anpacken auf dem Hof oder eine nette Erbin zur Vergrößerung der Ländereien waren die Hauptkriterien, ein gebärfreudiges Becken ein zusätzliches Plus. Gemeinsames Wirtschaften war neben den Nachkommen die Grundlage der meisten Ehen. Genau wie heute, sagen Sie, „Schaffe, schaffe, Häusle baue". Beide gehen arbeiten, damit das Geld reicht. Das ist schon richtig, aber es hat sich ein entscheidender Punkt komplett verändert: Sex. Die Sexualität spielte damals eine untergeordnete Rolle und wurde von der Frau oftmals gar nicht und vom Mann – neben den Beischlafpflichten im ehelichen Bett – oft in Bordellen ausgelebt. Die romantisch anspruchsvolle Verbindung von Liebe, Sex *und* Partnerschaft ist genaugenommen erst ein Kind der sechziger und siebziger Jahre dieses Jahrhunderts. Sexuelle Leidenschaft in der Beziehung wurde damit gewissermaßen zur Pflicht. „Deshalb ist heute die Zweierbeziehung von dem Abflauen sexuell intensiver Erlebnisse und dem Erkalten der Erotik besonders bedroht."[67] Wir sind in der Geschichte der Beziehungen die ersten Menschen, die versuchen, zwei gegensätzliche Pole zur Basis der Partnerschaft zu machen: Leidenschaft und Dauerhaftigkeit. Das scheint fast ein Ding der Unmöglichkeit zu sein. Leidenschaft stellt an sich etwas Flüchtiges dar und entzündet sich am Reiz des Neuen. Dauerhaftigkeit jedoch geht fast unvermeidbar mit Gewohnheit einher.

Das ist kein Grund, in Panik auszubrechen! Die Partnerschaft verläuft in Wellen. Sie hat Höhen und Tiefen, wozu wir im nächsten Kapitel noch kommen werden. Die Sexualität ist davon nicht ausgenommen. Nach einer Flaute, in der Sie vor lauter Streß im Job oder wegen der Kinder gar nicht an Sex gedacht haben, gibt es wieder eine Phase, in der Sie richtig Lust auf Lust haben. Nur ist es mit Sicherheit ganz hilfreich, sich von der Vorstellung zu lösen, daß Leidenschaft immer gleich bleibt und ewig währt. Sie kann nicht ernsthaft die Basis Ihrer Beziehung sein, sofern Sie eine treue dauerhafte Partnerschaft anstreben. Damit würden Sie versuchen, das Unmögliche möglich zu machen. Wenn es nämlich so wäre, daß Sie Sex und Leidenschaft als Nonplusultra ansehen und Ihr Partner auch, dann ist es nur konsequent, wenn Sie sich nach dem Abflauen der ersten Woge schleunigst nach dem nächsten Kick umsehen. Dies ist ein Vorgehen, wie es von Werbung und Medien oft propagiert wird. Wenn Sie jedoch unsere Überzeugung teilen, daß die wahre Basis einer dauerhaften Partnerschaft Werte wie Zärtlichkeit, Wärme, Verständnis, Respekt, Geborgenheit und Vertrauen sind, dann wird auch ein Nachlassen der Leidenschaft Ihre Partnerschaft nicht gleich erschüttern können. Natürlich ist Sex wichtig, und natürlich sollte man ihn nicht einschlafen lassen. Wenn er seltener vorkommt als Weihnachten, gibt es Möglichkeiten, ihn aufzupeppen.

Exkurs: Alles Freistil in der Liebe

„Die Menschen im mittelalterlichen Europa konnten sich durch zwölf Generationen an die Vorstellung gewöhnen, daß Frauen es wert sind, respektiert zu werden; die Viktorianer hatten drei Generationen, um zu akzeptieren, daß Sie es wert sind zu wählen. Die heutige Welt mußte sich in weniger als einem Jahrzehnt an eine beinahe vollständige rechtliche und sexuelle Gleichheit anpassen. Wie vorherzusehen war, sind die Ergebnisse chaotisch, und die psychologische Strafe muß jetzt bezahlt werden." [68]

Mit den Auswirkungen der psychologischen Verunsicherung müssen Sie sich vermutlich tagtäglich in Ihrem Beziehungsleben herumschlagen.

Es gibt heutzutage im Beziehungsalltag keine festen Regeln mehr. Das fängt mit der bangen Frage an, wo man überhaupt einen Partner kennenlernen kann. Von der Fisch-sucht-Fahrrad-Party über Vereine bis hin zum nächtlichen Szenetreiben ist alles möglich. Wenn es gar nicht klappt, bieten Flirtschulen Unterstützung und lehren, wie man den Einkaufswagen am geschicktesten in die Hacken des Vordermannes rammt, um Kontakt aufzunehmen oder über welches Gemüse man im Supermarkt am ehesten ins Gespräch kommt. Aber das ist nur der Anfang. Wie geht es weiter? Sie haben es irgendwie geschafft, in unserer beziehungs-regellosen Gesellschaft Kontakt zum anderen Geschlecht aufzunehmen und nun? Was passiert beim ersten Treffen? Wie weit darf oder muß man gehen? Wird nur geküßt oder schon übernachtet?

Hatten Sie noch Vorbilder? Ihre Eltern waren wahrscheinlich keine, weil sie Ihnen als Kinder der Wirtschaftswundergeneration zu konservativ waren. Falls doch, dann hatten Sie Glück. Haben Sie von Ihren Eltern noch Rendezvous-Regeln gelernt und konnten Sie diese akzeptieren? Oder waren Ihre Eltern Blumenkinder und frönten der freien Liebe? Nur haben Sie selber dazu keine Lust, weil Sie von der ewigen Unverbindlichkeit die Nase voll haben.

Zusammenfassend kann man sagen, daß es heutzutage so gut wie keine Regeln oder Vorbilder dafür gibt, wie man einen Partner kennenlernt, an Land zieht und hält. Diese Tatsache erschwert den Umgang miteinander und verunsichert die Geschlechter.

Nicht umsonst gibt es immer mehr Singles und nicht umsonst boomen Fernsehshows wie „Herzblatt", „Nur die Liebe zählt" u. a., in denen nach festen Regeln, wenn auch oft nach gnadenlosen Marktkriterien, verkuppelt wird.

Let's talk about sex, baby

Was neben den Singleshows weiterhin boomt, ist der Talk-showbereich. „Vera", „Bärbel", „Arabella" und wie sie alle heißen, reden über Liebe, Lust und Laster. Nichts Menschliches ist ihnen fremd und so manch Unmenschliches auch nicht. Es geht nicht um eine moralische Bewertung, nur darum festzustellen, daß Sex in aller Munde ist.

Abends laufen auf den privaten Kanälen Eigenproduktionen, in denen viel barer Busen für bares Geld gezeigt wird. Die Modedesigner schicken für die aktuelle Mode Models in durchsichtigen Tüllhemdchen über die Laufstege, im Nachtleben heizen Gogo-Girls in sexy Outfits den Clubbesuchern ein.

All diese sexuellen Reize – so haben wissenschaftliche Untersuchungen gezeigt – führen jedoch keineswegs dazu, daß wir unverkrampfter miteinander ins Bett gehen, sondern daß die Verunsicherung auch hier immer größer wird. Nicht nur die Verunsicherung wächst, auch die pure Unlust. Begriffe wie „No-Sex-Welle" machen die Runde.

Während vor gut hundert Jahren ein „unverhülltes Pianobein in erotische Verwirrtheit stürzte"[69] oder Schlager wie „Ich hab' dein Knie gesehen, das dürfte nie geschehen" durchaus ernst gemeint waren, läßt uns heute oftmals selbst die pure Nacktheit kalt. Nach einer aktuellen amerikanischen Studie ist ein Großteil der heterosexuellen Welt sexuell nicht sehr aktiv.[70]

Die Hälfte aller Befragten hatte seltener als einmal in der Woche Geschlechtsverkehr. Nach einer Studie im deutschen Sprachraum leben nicht weniger als ein Drittel der Bevölkerung zwischen 18 und 65 sexuell enthaltsam.[71]

„Toll, das ist mir ja eine große Hilfe zu wissen, daß mein Partner und ich voll im Trend liegen mit unserer privaten No-Sex-Welle. Das hilft uns auch nicht weiter", sagen Sie.

Recht haben Sie, aber vielleicht entlastet es Sie und nimmt ein bißchen den Druck aus Ihrem Sexualleben, den

179

andere Statistiken geschaffen haben, wonach dreimal Sex pro Woche dem Durchschnitt entspricht.

Es geht nicht darum, sich auf diesen Statistiken auszuruhen, Sie dem Partner zu zeigen und zu sagen: „Siehste, und nun laß mich in Frieden mit deinem ewigen Gejammer nach mehr Sex." Statistiken liefern immer nur Durchschnittswerte und können keine Richtlinie feststecken. Jeder Mensch ist anders und hat andere Bedürfnisse und so auch beim Sex.

Wenn Sie nun erkennen, daß Sie auf der No-Sex-Welle surfen und zu den sogenannten DEOS gehören (Doppeltes Einkommen, ohne Sex)[72], wie sie nach amerikanischem Vorbild bezeichnet werden, ist das kein Drama.

Vielleicht lassen Sie sich von den folgenden Seiten anregen.

Legenden der Leidenschaft, Teil 2

Gehen wir von folgendem Idealpaar aus. Beide haben sich eine wunderbare Basis in der Partnerschaft geschaffen. Sie akzeptieren einander mit den gegenseitigen kleinen Macken, sie haben jeweils eigene und gemeinsame Interessen, erwarten keine Wunder voneinander und haben doch immer wieder die ein oder andere Überraschung füreinander parat. Ein Pärchen, das eigentlich ziemlich glücklich ist. Nur im Bett herrscht tote Hose. Wenn es überhaupt zum „Äußersten" kommt, dann schnell vor der Tagesschau oder fix nach dem Spätfilm. Doch „dazu" kommt es ohnehin selten genug. Theoretisch erfüllen die beiden alle Voraussetzungen für ein ausgefülltes Sexualleben. Sie kennen sich aus und wissen, wie es Spaß macht, oder?

Checkliste: Sexualtechnik

Es könnte technischer Informations-Nachholbedarf herrschen, wenn folgendes für Sie zutrifft:

- Also aufgeklärt hat Sie eigentlich niemand. Sie hatten aber immer ein großes Interesse an der Tier- und Pflanzenwelt und so anders dürfte das bei den Menschen auch nicht sein, oder?
- Ausgefülltes Sexualleben? Bei Ihnen ist zu Hause immer das Licht aus, und Sie tasten sich so durch. Sie haben Ihren Partner noch nie nackt gesehen, und das ist auch gut so.
- Verhütung? Na klar verhüten Sie. Sie kennen sogar das lateinische Wort: Koitus interruptus. Gibt es etwa noch andere Möglichkeiten?
- Ausgefülltes Sexualleben? Aber sicher, Sie füllen die zwei Minuten optimal aus.
- Sie wollen gerade weiter blättern, weil Ihnen das hier alles zu schmuddelig wird.

Nun gut, Spaß beiseite. In 90 Prozent der Fälle liegt wohl kein technisches Problem vor und dank der allzeit bereiten Medien hat kaum einer auch nur die Möglichkeit, unwissend zu bleiben. Wo bei wem was sitzt und wie es funktioniert, wird heute in jeder zweiten Zeitschrift beschrieben. Und nicht nur das. Wir werden auch nach wie vor zum Nachlernen angehalten. Artikel über Slow Sex, Quickies, multiple Orgasmen, chinesische Liebeskunst und tantrische Freuden, ob im Wasserbett, am Strand, im Fahrstuhl oder unter dem Küchentisch, werden auch in den schlappen Neunzigern noch gerne und oft abgedruckt.

Doch was in den Siebzigern nachgestellt und ausprobiert wurde, löst heutzutage, glaubt man den Durchschnittswerten deutscher Schlafzimmer, nur noch Gähnen aus. Nicht ganz zu unrecht, denn die bänderschädigenden Verrenkungen und Turnübungen einschlägiger Sex-Ratgeber sind nicht das, was der Partnerschaft mehr Schwung gibt. Man ist sich heute auf Seite der Paartherapeuten und Sexualberater ziemlich einig, daß es nicht um ein mehr an Stellungen geht, sondern um ein mehr an Zärtlichkeit und Intimität. Beides nimmt im Gegensatz zur Leidenschaft zu, je länger und besser Sie sich kennen. Vielleicht waren Sie mit Menschen im Bett, die Sie kaum kannten und dachten, das sei Leidenschaft. In längeren Beziehungen haben Sie die Möglichkeit, festzustellen, daß oberflächliche Leidenschaft mit der Zeit oft abnimmt. Tiefe und Echtheit des Liebeslebens können eine neue Qualität gewinnen. Intimität verbindet stärker als es Leidenschaft je vermag. Sie werden vielleicht nicht mehr so mitgerissen wie am Anfang, aber die Basis wird breiter. Ihre sexuelle Palette kann von Zärtlichkeit über tiefe Liebe bis hin zu Sinnlichkeit und purer Lust reichen. Wichtig für eine treue Beziehung sind daher auch beim Sex Geduld und Beständigkeit. Sich nicht gleich frustriert in fremde Betten zu flüchten, sondern auszuharren und sich auf die Wellenbewegung von Liebe, Langeweile, neuer Lust und Leidenschaft einzustellen.

Da wir nicht mit den entsprechenden Sexualratgebern konkurrieren wollen und können, nachfolgend ein paar „gute" Ratschläge zum Thema Sex:

Dr. para. Dox rät:

1. Rühren Sie sich nicht und denken Sie an etwas Nettes

Wenn die wöchentliche sexuelle Pflichtübung droht, die sie über sich ergehen lassen müssen, weil Ihr Partner sonst unleidlich wird, machen Sie das Beste daraus. Ergeben Sie sich mit einem „Das schon wieder" in die Situation. Damit es zu keinen weiteren Verzögerungen während des Aktes kommt, legen Sie sich am besten auf den Rücken. Die Stellung kennt er am besten, dann ist es schnell vorbei. Denken Sie an irgend etwas Nettes, während er sich auf Ihnen abarbeitet. Schon Queen Viktoria gab ihrer Tochter angeblich den guten Rat: „Denk an England". Alternativen sind Kuchenrezepte, die Erledigungen für den nächsten Tag oder streichen Sie einfach im Geiste die Zimmerdecke. Auf jeden Fall bewegen Sie sich nicht!

2. Geben Sie Hilfestellung

Hilfestellung können Sie sowohl vorher als auch beim Akt geben. Vorher können Sie ihm eine kleine Liste der Dinge runterbeten, die Sie in jedem Fall oder auf keinen Fall mit sich machen lassen wollen. Zum Beispiel: 1. Küssen, 2. Langsam runter rutschen 3. Busen liebkosen 4. Bauchnabel liebkosen usw. Je genauer desto besser. Wenn Sie keine feuchten Küsse mögen, spezifizieren Sie 1. Trocken Küssen. Das gleiche gilt natürlich auch im Negativen. Wenn Sie etwas vergessen haben, können Sie es jederzeit zwischendurch noch anbringen.
Unterbrechen Sie ihn ruhig, wenn er etwas vergessen hat und bitten Sie ihn noch einmal bei Punkt 1 anzufangen.
Da nicht jeder Mann musikalisch ist, könnten Sie Ihren Partner rhythmisch unterstützen. Zählen Sie mit: „Und eins, und zwei, und drei . . ." oder schlagen Sie mit der Hand den Rhythmus auf die Matratze. Und vergessen Sie nicht den Beschleunigungseffekt gegen Ende zu berücksichtigen. Ähnlich wie auf den Galeeren. Da wurde auch vor dem Angriff der Ruderschlag durch einen Trommler erhöht.

3. Seien Sie gesprächig

Philosophieren Sie darüber, ob sein Gehechel mehr dem Röhren eines Hirsches ähnelt oder dem Japsen eines Zwerg-

183

pinschers. Fragen Sie ihn, während er bei der Sache ist, ob er schon mal schlapp gemacht hat, das heißt Probleme mit Impotenz hat. Fragen Sie ihn ob er schon drin ist und wenn er pausiert, ob es das schon war.

Bevor er sich nach seinem Orgasmus auf die Seite rollt, um einzuschlafen, analysieren Sie seine Leistung. Sehr motivierend wirken sich auch Vergleiche aus wie: „Lothar hatte so eine tolle Pausentechnik" oder „Obwohl du viel kleiner gebaut bist als Ralf, machst du deine Sache nicht schlecht."

Sie müssen auch nicht über Sex reden, wenn Ihnen dazu nichts einfällt. Folgen Sie Ihren Gedankenblitzen und Eingebungen. Erzählen Sie ruhig, daß Tante Hannas Hund gestern kastriert wurde, daß Sie eine tolle Sendung über Eunuchen gesehen haben oder daß bei einigen Völkern Stierhoden eine kulinarische Delikatesse sein sollen.

4. Schauspielern Sie

Wenn Sie sich aus irgendwelchen Gründen nicht nach Punkt 1 verhalten wollen, dann schauspielern Sie. Stellen Sie sich vor, Sie seien eine alte Dampflok und geben Sie die entsprechenden Geräusche von sich. Spielen Sie in jedem Fall einen Orgasmus vor. Männer brauchen so etwas für ihr sensibles Selbstwertgefühl. Jodeln und jauchzen Sie, die alternden Nachbarn werden es Ihnen danken, daß Sie etwas Stimmung ins Haus bringen.

5. Ziehen Sie einen Schlußstrich

Wenn Sie das Gefühl haben, das könnte es jetzt gewesen sein. (Indizien sind: er rollt sich ab, er schläft auf Ihnen ein, er gibt keine Geräusche mehr von sich), erklären Sie den Akt für beendet und springen Sie aus dem Bett. Flitzen Sie ins Bad und waschen Sie sich gründlich.

Männersache

1. Beeilen Sie sich

Sie sind es seit frühester Jugend gewöhnt, daß Sie sich bei der Selbstbefriedigung beeilen mußten, falls Ihr kleiner Bruder wach wurde oder Mutter unangemeldet das Zimmer betrat. Behalten Sie die Eile bei. Je schneller Sie fertig sind, desto eher haben Sie wieder Zeit für Ihre Hobbys. Verzetteln Sie sich nicht mit Vor- oder Nachspiel. Das kostet nur Zeit und bringt Ihnen nichts, außer der Gefahr, daß Sie schlapp machen. Folglich konzentrieren Sie sich auf das Wesentliche und das ist Ihre Befriedigung.

2. Stellen Sie unmißverständliche Forderungen

Sagen Sie Ihrer Partnerin, daß Sie Ihre Wünsche zu befriedigen hat. Seien Sie stockbeleidigt und akzeptieren Sie keine Ausflüchte. Lesen Sie ruhig unter Tips für Frauen nach, wie man den Rhythmus angibt, das können Sie auch tun, wenn Ihre Partnerin Ihnen nicht schnell genug die Hüften bewegt. Treiben Sie sie an, schließlich sind Sie beim Sex und nicht auf Kur.

Das gilt insbesondere für den weiblichen Orgasmus. Der kann sich ganz schön hinziehen. Wenn es Ihnen zu lange dauert, sagen Sie es und unterstützen Sie die Bemühungen Ihrer Partnerin mit anfeuernden Ausrufen. Was beim Sport richtig ist, kann beim Sex nicht falsch sein.

Es ist empfehlenswert, das Thema Sex immer präsent zu machen. Erzählen Sie zotige Witze, kraulen Sie sich im Beisein Ihrer Partnerin oft und nachhaltig an den Genitalien und bringen Sie diese mit beherzten Griffen in die richtige Lage. Damit setzen Sie eindeutige Signale und weisen auf Ihre Potenz hin. Millionen Männer verschiedenster Kulturen und Michael Jackson können nicht irren.

185

3. Sprechen Sie mit Ihrem kleinen Freund

Wenn Sie gewohnt sind mit Ihrem „besten Stück" zu reden, scheuen Sie sich nicht, es auch der Partnerin gegenüber zu tun. Sagen Sie ruhig „Na, Wulli, jetzt heißt es wieder stramm stehen" oder „So, nu ist der Wulli müde und zieht sich ganz klein zusammen". Frauen finden so etwas niedlich und unglaublich animierend.

4. Nutzen Sie Sex als Einschlafhilfe

Sie haben die Erfahrung gemacht, daß Sie nach dem Sex von bleierner Müdigkeit überfallen werden. Nutzen Sie dies. Regeln Sie Ihren Sexualverkehr nach Ihren Einschlafgewohnheiten und bitten Sie Ihre Partnerin, Sie zuzudecken, wenn Sie sich abgerollt haben und eingeschlafen sind.

5. Reden Sie unumwunden von Ihren Phantasien

Teilen Sie Ihrer Partnerin mit, wie toll Sie es fänden, wenn Sie statt Körbchengröße B doch D oder E hätte und wie sehr Sie auf riesige Brüste stehen. Vielleicht schaffen Sie es sogar, Sie zum Chirurgen zu nörgeln. Beschreiben Sie ihr, daß Sie sich so unglaublich potent fühlen und es für eine Frau zuviel ist. Erzählen Sie, wie gerne Sie es mal mit dreien treiben würden. Hängen Sie Fotos von Pamela Anderson, Dolly Buster oder anderer angesagter Sexsymbole in der Wohnung auf und kommentieren Sie diese immer wieder eindeutig. Kurzum: sägen Sie beharrlich am Widerstand und am Selbstbewußtsein Ihrer Partnerin, nur so kommen Sie zu dem, was Sie wirklich wollen.

Nach diesen geballten paradoxen Rat-Schlägen unter die Gürtellinie, zurück zur Zärtlichkeit.

Zärtlichkeit oder die wahre Essenz der Liebe

Die bereits mehrfach zitierte Umfrage von 1998 war zu dem Schluß gekommen, daß nur 8 Prozent der Paare mehr Sex wünschen. Verschwindende 4 Prozent Frauen und auch nur 13 Prozent der Männer. Nach Zärtlichkeit, Fröhlichkeit und Gemeinsamkeiten in der Partnerschaft sehnen sich jedoch über 30 Prozent. Die Sehnsucht nach mehr Sex wird eindeutig übertroffen von der Sehnsucht nach mehr Streicheleinheiten.

Vor allem Frauen beklagen häufig, daß ihr Partner sich ihnen immer nur dann liebevoll nähert, wenn er Hintergedanken hat und Sex möchte. Aber auch Männer haben zu verstehen gegeben, daß ihre Lederhaut so ledern nicht ist und auch sie das Bedürfnis haben, gestreichelt und liebevoll verwöhnt zu werden, ohne daß es jedesmal zum Geschlechtsverkehr kommen muß.

Da es vielen Paaren trotz aller Liberalisierung immer noch schwer fällt, offen über ihre sexuellen Bedürfnisse zu sprechen und man „einfach macht", anstatt sich zu unterhalten, liegt den statistisch belegten Bedürfnissen unter Umständen nur ein Mißverständnis zwischen den Paaren zugrunde, das relativ einfach ausgeräumt werden kann.

Oftmals ist es nur eine Frage des richtigen Zeitpunkts und der Wahl der Worte. Dies ist mit Sicherheit keine einfache Übung, da Sexualität ein sensibles und heikles Thema ist. Ein Minenfeld der Kränkbarkeit, auf dem Verbesserungsvorschläge in Watte gepackt werden sollten. „Mit deinem kleinen Eumel wird das doch nie was" oder „Du bist mir einfach zu weit gebaut" ist natürlich fatal.

Man kann Gefühle zerreden, aber gar nichts zu sagen, sich zu verweigern, heimlichen Sehnsüchten nachzuhängen oder sich woanders zu holen, was man zu Hause nicht bekommt, kann nicht die Lösung sein, die wir mit diesem Buch anstreben.

Das A und O in der Beziehung ist, wie schon mehrfach betont, die Zärtlichkeit. Im Gegensatz zur Leidenschaft nimmt sie nicht ab, sondern sogar zu. „Liebe ist das einzige, was nicht weniger wird, wenn wir es verschwenden", ein Ausspruch, den die Schriftstellerin Ricarda Huch am Anfang des 20. Jahrhunderts prägte. Hierbei kann der Begriff „Liebe" getrost durch „Zärtlichkeit" ersetzt werden.

Zum Thema Sexualität wird an dieser Stelle kein Allheilmittel angeboten und auch kein Rezept vorgestellt. Es gibt schließlich ein riesiges Angebot von Büchern, die sich genau damit beschäftigen. Von Tao bis Tantra, von „Atmen Sie sich zum Orgasmus" bis „Iß Dich scharf".

Unser Tip ist folgender: Machen Sie das, woran Sie Spaß haben. **Wenn Sie keine Lust haben, dann stehen Sie dazu. Haben Sie Mut zur Sex-Pause und machen Sie sich keinen Streß.** Reden Sie sich nicht ein, daß Sie nicht gut im Bett sind und lassen Sie es sich schon gar nicht einreden. Nach welchen Kriterien soll „gut" gemessen werden? **Wichtig ist, daß es Ihnen gut geht und Sie und Ihr Partner es gut haben. Also finden Sie Ihren eigenen Weg.**

Und nur keine Hemmungen! Es gibt nichts, was es nicht gibt, und nichts, was Ihnen peinlich sein sollte. Weder am eigenen Körper noch an dem des Partners. Dies setzt Vertrauen voraus und ein gewisses Maß an Selbstbewußtsein.

Ansonsten ist erlaubt, was beiden Spaß macht. Sich auf eine Sado-Maso-Nummer einzulassen, wenn man keine Freude daran empfindet, ist ebenso fatal wie sich bei Beate Uhse mit Sexspielzeugen einzudecken, die man eigentlich lächerlich findet.

Auch beim Sex gilt es, die eigene Freiheit zu respektieren und Grenzen zu setzen. Sich zu etwas zwingen zu lassen oder sich widerwillig dazu zu überwinden, aus Angst, den Partner zu verlieren, ist unsinnig und auf lange Sicht noch nicht einmal hilfreich.

Überwindung mag es manchmal allerdings schon kosten, sich überhaupt daran zu erinnern, daß es neben Job, Kindern, Haus, Hund und Routine so etwas wie Sinnlichkeit gibt. Es bedarf oftmals einer regelrechten Planung und der bewußten Entscheidung, sich wieder einmal lustvoll aufeinander einzulassen und nicht nur seine Pflicht zu tun bzw. Sex ganz zu vermeiden.

Viel wichtiger als irgendwelche technischen Finessen ist die mentale Grundstimmung, das zärtliche Miteinander.

Also, finden Sie Ihren eigenen Weg – und Schluß mit der Last der Lust.

Krisenmanagement

Trotz aller Liebe und aller Toleranz kann es leider nicht ausgeschlossen werden, daß die Partnerschaft in eine Krise gerät. Es ist sogar mehr als wahrscheinlich, daß nicht immer eitel Sonnenschein herrschen wird. Das muß kein unüberwindliches Problem sein, denn nach Regen folgt bekanntlich Sonne, wie schon unsere Großmütter zu sagen pflegten. Wenn das Schlechtwettergebiet sich nun über längere Zeit hält und kaum noch ein Silberstreif am Horizont zu erkennen ist, wird es allerdings kritisch. Wenn dann auch noch die Versuchung in Form eines attraktiven Seelentrösters auf der Bildfläche erscheint, kann es um die Treue schnell geschehen sein. Es wäre schade und muß nicht sein, denn Krisen sind dazu da, überwunden zu werden. Sie schweißen eine Partnerschaft um so enger zusammen, wenn man über diesen Berg ist. Daß es nicht immer klappen wird, ist auch klar, und manchmal ist eine Trennung sinnvoller. Doch dazu gleich. Zunächst ein kleiner Blick auf Krisenklassiker, das heißt typische Situationen, in denen eine Partnerschaft ins Schleudern geraten kann.

Partnerschaft als Achterbahn

Psychologen haben herausgefunden, daß es in der Partnerschaft bestimmte äußere Auslöser gibt, die eine Krise begünstigen.

Oftmals sind es sogenannte Schwellensituationen, in denen das Paar von einem Status in den nächsten übergeht. Mit Status ist hierbei nicht der soziale Auf- oder Abstieg gemeint, obwohl auch dieser eine Krise auslösen kann, sondern der jeweilige Zustand, in dem sich die Partnerschaft befindet. In der Sozialpsychologie werden vier verschiedene Phasen unterschieden:

Forming, Storming, Norming und Performing

Forming (Formen, kennenlernen)

In dieser Phase lernt das Paar sich kennen, formt sich sozusagen. Beide laufen mit rosa Brillen durch die Gegend, zeigen sich von der besten Seite und finden den Partner ziemlich phantastisch. Es ist die glückliche Phase der Verliebtheit, in der man die Macken des Partners kaum wahrnimmt.

Storming (Stürmen)

Nach dem Abflauen der ersten Begeisterung beginnt die Stormingphase, in der es durchaus stürmisch werden kann. Die rosa Brille wird immer häufiger abgenommen, man hat die ersten Auseinandersetzungen und Positionskämpfe. „Ich möchte nicht mit deiner Mutter zusammen nach Mallorca, ich möchte lieber mit dir alleine in den Schwarzwald." Jeder versucht beim Partner seine Sicht der Dinge und seine Gewohnheiten als die richtigen durchzusetzen. Unterschiedlichkeiten prallen aufeinander, wobei die Auseinandersetzungen eher zu trennen als zu verbinden scheinen. Einige Paare trennen sich wieder, da sie keine gemeinsamen Spielregeln und Normen entwickeln können.

Norming (Normen entwickeln)

In diese Phase kommt das Paar, wenn die Stormingphase in ihrer Heftigkeit überwunden wurde. Man hat sich aneinander gerieben, hat unterschiedliche Auffassungen geklärt und ist sich nun relativ sicher, daß die Konflikte sich gelohnt haben. Das Verständnis für den Partner ist gewachsen, man liebt ihn trotz seiner kleinen oder größeren Eigenheiten und hat nicht mehr das Gefühl, daß die Partnerschaft so einfach zu erschüttern ist. Das Paar hat Spielregeln entwickelt, die von beiden Seiten (auch spielerisch) eingehalten werden, vergleichbar einem eingespielten Fußballteam. Man spielt sich Pässe zu, statt alleine Richtung Tor zu preschen und ahndet Foulspiel. Man hat eine Streitkultur entwickelt und gelernt, daß es nicht um Sieg oder Niederlage geht, sondern um ein gutes Zusammenspiel. Man versteht sich als Team und nicht als Einzelkämpfer. Norming kann auch bedeuten, daß man beschließt, zusammenzuziehen oder zu heiraten.

Performing (Durchführung, Leben mit Parkettsicherheit)

Die Partnerschaft befindet sich in ruhigerem Fahrwasser. Es muß nicht mehr alles ausgehandelt werden. Man hat Spielregeln aufgestellt und hält sich weitestgehend daran. Man ist als Paar mittlerweile recht sicher auf dem Partnerschaftsparkett und hat gelernt, als Team zu handeln. Die Krisen und Konflikte bedrohen die Partnerschaft nicht mehr so immens, sie werden ausgehandelt. Man kann entspannt in den Urlaub fahren, ohne sich permanent wegen jeder Entscheidung auseinandersetzen zu müssen. Vielleicht wird Nachwuchs oder ein Eigenheim geplant. Frühere Krisenfälle sind bereinigt: So hat man der Schwiegermutter, die, sobald sie zu Besuch kam, mit gerümpfter Nase zum Putzfeudel griff und sich über den Küchenfußboden hermachte, gemeinsam Putz- und Einmischungsverbot erteilt. Und nach einer Schmollphase laufen die Besuche jetzt sogar unverkrampfter ab.

192

Streß laß nach

Die Übergänge von einem Status zum nächsten sind jeweils anfällig für Krisen, weil sie oftmals mit Entscheidungen und Auseinandersetzungen einhergehen.

Leider wird dieses Vier-Phasen-Modell im Verlauf einer Partnerschaft nicht nur einmal durchlaufen und danach herrscht eitel Sonnenschein. Besonders in den oben erwähnten Schwellensituationen, die zu Veränderungen des gewohnten Status führen, müssen die Phasen Storming und Norming oftmals erneut durchlaufen werden, bis ein neues Performing möglich wird. Man wähnte sich parkettsicher und findet sich wieder in stürmischer Auseinandersetzung, in der jetzt neue Spielregeln für die veränderte Situation ausgehandelt werden müssen.

Im folgenden wollen wir einige Situationen ansprechen, die ein besonders hohes Krisenpotential haben, weil sie die Gewohnheitsmuster der Partnerschaft verändern und leider den meisten Paaren nicht erspart bleiben.

Zusammenziehen

Wenn beide Partner bislang alleine gewohnt haben, kann die Frage nach dem Zusammenziehen eine Krise auslösen. Wer zu wem, in welche Wohnung, in welche Gegend, wie groß, wie teuer? Dazu kommen noch Geschmacksunterschiede „Ich möchte aber lieber ein plüschiges Himmelbett mit roten Samtvorhängen und kein hartes blödes Futon auf einem schlichten Naturholzgestell" und die Tatsache, daß man nicht mehr so ohne weiteres die Tür hinter sich zu machen kann. Man schafft Tatsachen, schränkt seinen Bewegungsfreiraum ein und rückt enger zusammen. Vielleicht ist man sich sogar unsicher, ob es das Richtige ist und plagt sich mit Fluchtgedanken.

Heirat

Auch das Bestellen des Aufgebots hat es in sich. „Oh Gott, ist er wirklich der Richtige?", „Will ich mit ihm alt werden?" sind beliebte Fragen, die man sich ausgerechnet in dem Augenblick stellt, wenn es „ernst" wird. Der Blick auf den Partner wird noch einmal besonders kritisch und entgeht diesem keineswegs. Daraus kann sich folglich eine Vor-Ehekrise ergeben.

Veränderung der Jobsituation

Dies kann im schlimmsten Fall Arbeitslosigkeit bedeuten, im günstigsten den beruflichen Aufstieg. Im ersten Fall sitzt der betroffene Partner plötzlich zu Hause und ist womöglich in Gefahr, in Depressionen und Gefühlen der Nutzlosigkeit zu versinken – vor allem bei länger dauernder Arbeitslosigkeit. Der berufliche Aufstieg andererseits kann Mehrarbeit, weniger gemeinsame Freizeit und vermehrte Abwesenheit durch Geschäftsreisen zur Folge haben. Auch kann er Neidgefühle oder Verunsicherung beim Partner auslösen. Wenn die neue Stelle noch dazu in einer anderen Stadt ist, muß man sich mit Fragen des gemeinsamen Umzugs oder dem Thema Wochenendbeziehung auseinandersetzen.

Schwangerschaft und Geburt

Auch Schwangerschaft und Geburt rufen nicht immer nur Freude hervor. So mancher werdende Vater hat Probleme damit, nicht mehr die ungeteilte Aufmerksamkeit zu bekommen. Oder er fühlt sich der kommenden Verantwortung nicht gewachsen. Auch die werdende Mutter wird sich bewußt, daß sich ihr Leben ab jetzt komplett verändern wird und es vorbei ist mit spontanen nächtlichen Streifzügen durch die Diskotheken. Mit der Geburt des Kindes stellt sich plötzlich das komplette Leben um.

Krankheit

Wenn einer der Partner ernsthaft krank wird, kann die Partnerschaft unter immensen Druck geraten. Plötzlich steht er dem anderen nicht mehr zur Belustigung zur Verfügung und muß im Gegenteil sogar noch gepflegt und versorgt werden. Auch die Alltagspflichten lasten auf einmal nur noch auf den Schultern des Gesunden. Vor allem, wenn es sich um eine längerfristige schwere Erkrankung handelt, stellt es beide Partner vor eine harte Prüfung.

Tod der Eltern

Stirbt ein Elternteil des Partners oder ein eigenes, löst auch dies häufig eine Krise aus. Man wird sich schmerzlich der Endlichkeit des Lebens bewußt und hat schwer an der Trauer um den Verstorbenen zu tragen.

Die beschriebenen Situationen bedeuten jeweils einen Einschnitt in der Partnerschaft und lösen eine Veränderung des bisherigen Status aus. Dadurch wird das Paar aus seiner gewohnten Routine geworfen und muß sich plötzlich mit einer neuen und ungewohnten Situation auseinandersetzen. Dies kann zur zeitweiligen Überforderung führen, zu Verweigerung oder anderen konflikthaften Reaktionen.

Es ist keineswegs so, daß man mit banger Katastrophenerwartung solchen Ereignissen hilflos ausgeliefert ist. Oder am besten jede Form der Veränderung zu vermeiden versucht: Bloß nicht umziehen, bloß kein beruflicher Aufstieg!

Im Gegenteil! Jede Krise, die gemeinsam überwunden wird, schafft größere Nähe und festigt die Partnerschaft. Das Erlebnis, sich auch in Krisenzeiten aufeinander verlassen zu können, stabilisiert eine Partnerschaft.

Das heißt natürlich auch, daß man nicht alles hinschmeißt, sobald es problematisch wird.

In den USA werden Männer, die diesen scheinbar bequemen Weg wählen, als „Flying Boys" bezeichnet. Man beachte, daß es „Boys" heißt, und nicht etwa „Men", denn mit erwachsenem Verhalten hat diese kindliche Flucht aus der Verantwortung in der Tat nichts zu tun.[73] Vor allem sollte man vermeiden, sich in die Arme des nächstbesten Krisentrösters zu flüchten, wenn zu Hause der Haussegen schief hängt. Das wäre nicht nur unfair, sondern ist auch aus psychologischer Sicht nicht zu empfehlen. Die Haltbarkeit einer Trostbeziehung ist äußerst gering und von einem Partner, den man in einer Krise sitzengelassen hat, darf man nicht erwarten, mit offenen Armen wieder aufgenommen zu werden. Abgesehen davon wird die Chance vergeben, sich in seiner Persönlichkeit weiterzuentwickeln und an solchen Vorfällen zu reifen.

Es gibt immer Höhen und Tiefen in einer Partnerschaft. Einer Phase völliger Genervtheit, in der man den Partner am liebsten ohne Rückflugticket auf den Mond geschossen hätte, kann ohne weiteres eine Phase intimster Vertrautheit und verliebter Innigkeit folgen. Abwarten und nicht gleich aufgeben, lautet die Devise.

Treue ohne Reue

Bei Ihnen hängt nun schon seit einiger Zeit der Haussegen schief. Sie haben Streß mit dem neuen Chef, ihr Partner ist bei der Beförderung übergangen worden, das Auto nicht durch den TÜV gekommen, Ihr Lieblingsgoldfisch gestorben und Ihre Mutter will auch noch für eine Woche zu Besuch kommen. Alle Zeichen stehen auf Sturm. Außerdem befinden Sie sich im verflixten vierten Jahr, in dem es laut Statistik heutzutage die meisten Trennungen gibt. Und dann hat zu allem Überfluß im Büro Ihres Partners auch noch diese schicke Blondine angefangen zu arbeiten und offensichtlich ein Auge auf Ihren Liebsten geworfen. Sie könnten sich die Haare raufen und sind in heller Panik. Sie zeigen erste Anzeichen von Eifersucht und sind sich sicher, daß es nur noch eine Frage der Zeit ist, bis er der Blonden erliegt.

Jetzt heißt es, ruhig Blut zu bewahren und nicht in Panik auszubrechen!

Bei Ihnen herrschen keine idealen Bedingungen, aber auch nicht unbedingt die Voraussetzungen für einen Treuebruch. Schließlich haben Sie ja dieses Buch und sind der festen Überzeugung, daß Treue eine bewußte Entscheidung ist und wollen – wie auch Ihr Partner – nicht gleich bei der erstbesten Krise Trost in den Armen eines anderen suchen. Treue bedeutet auch Arbeit, daran sei hier erinnert.

Treue ist nichts, was einem in den Schoß fällt und Treue erträgt auch kein zaghaftes „Vielleicht".

Es ist in vielen Untersuchungen erwiesen, daß Paare, die erfolgreich und dauerhaft eine echte Beziehung eingegangen sind, das Thema Treue nicht nebenbei abhandeln.

Sich alles offen halten zu wollen und mal zu gucken, ist nicht die Basis, auf der eine treue Beziehung funktionieren kann. Irgendwann muß man die Verantwortung übernehmen und zu seiner Entscheidung stehen.

Wenn Sie insgeheim denken: „Den leckersten Typen auf dem nächsten Kongreß, den nehm' ich mit" – dann haben Sie damit schlechte Karten in punkto Treue.

Es geht hier nicht um Moral oder Unmoral, sondern zu allererst um Vertrauen, Ehrlichkeit und Ihre bewußte Entscheidung. Es ist nun einmal eine Tatsache, daß die meisten Ehen wegen Seitensprüngen geschieden werden. Und wie oft mag man sich im nachhinein gefragt haben, hat es sich gelohnt? Dafür habe ich meine Beziehung aufgegeben? Für einen kurzen sexuellen Kick?

„Meiner merkt das doch gar nicht, wenn ich fremd gehe." Das ist nicht der Punkt. Es gibt auch Statements wie „Treue ist pure Trägheit oder Mangel an Einfallsreichtum".

Wir sind der Auffassung, daß es sich lohnt, diese Mühe und diesen Einfallsreichtum in seine Partnerschaft zu stecken, anstatt damit die Affäre zu vertuschen oder den Seitensprung möglich zu machen.

Wie man es dreht und wendet, im Falle eines Seitensprungs muß gelogen, zumindest geschwiegen oder mit Halbwahrheiten operiert werden.

In einer echten Partnerschaft steckt eine Menge Energie, die beiden zugute kommt. Nach ein paar Jahren wird auch die investierte Arbeit sichtbar, Vertrauen und Zusammengehörigkeitsgefühl sind gewachsen. Mit einer Affäre wird genau hier der Hebel angesetzt. Es kommt unweigerlich zu einem Bruch. Hierbei spielt es keine Rolle, ob Sie beim Lügen zu roten Ohren neigen oder es Ihnen leicht fällt, Unwahrheiten aufzutischen. Einen Wiener Walzer tanzt man nun mal nur zu zweit, trotz des *Drei*vierteltaktes. Und der erhoffte belebende Schwung der dritten Person, führt im allgemeinen nur dazu, daß man sich auf den Füßen herumtrampelt, statt über das Parkett zu gleiten.

Einer ist immer der Dumme, oftmals zwei oder mehrere, vor allem, wenn es zur Scheidung kommt und Kinder im Spiel sind.

Hehre Worte, sagen Sie und zitieren Erica Jong: „Betrügen tun sie dich alle früher oder später. Also such dir einen, der wenigstens amüsant ist, solange er nicht betrügt." [74]

Ältere Statistiken scheinen diese Auffassung noch zu bestätigen, neuere Untersuchungen hingegen belegen einen deutlichen Rückgang der Seitensprünge beider Partner. So hatten, nach Shere Hite[75], Anfang der achtziger Jahre 72 Prozent aller Männer, die länger als zwei Jahre verheiratet waren, und 75 Prozent aller Frauen, die länger als fünf Jahre verheiratet waren, eine Affäre. Dagegen veröffentlicht das „Trendbuch 2" Ende der neunziger Jahre des 20. Jahrhunderts folgende Passage: „Die hektischen Meldungen vom ‚Seitensprung als Normalität' sind allesamt Humbug. In den USA sind 75 Prozent aller Ehepartner lebenslang treu, in den europäischen Ländern liegen die Zahlen leicht darunter." [76]

Aber diese Zahlen nur am Rande. Es macht wenig Sinn, sich auf Statistiken zu verlassen. Gemäß dem Motto „Traue keiner Statistik, die du nicht selbst gefälscht hast", ist es immer sinnvoller, seinen eigenen Weg zu gehen und den eigenen Gefühlen und Einschätzungen zu vertrauen, als sich von statistischen Zahlenangaben verunsichern zu lassen.

Lassen Sie nun Taten folgen, und machen Sie Treue zum Thema. In einer Beziehung bringt Sie Vogelstraußpolitik nach dem Motto „Bloß nicht ansprechen, sonst kommt er noch auf dumme Gedanken", nicht weiter. Es macht Sinn, sich über Werte und Auffassungen zu verständigen. Dann kommt wenigstens nicht irgendwann das erschreckte Erwachen.

Komm mir bloß nicht zu nahe

Es gibt allerdings psychologische Grenzen des guten Willens und zwar dann, wenn ein schwerwiegendes Bindungsproblem zugrunde liegt.

Da können Sie noch so viel über Treue reden, wenn der Partner eigentlich Angst vor Nähe hat und immer dann aus der Beziehung ausbricht, wenn es ihm zu eng zu werden droht.

Checkliste: Nähe

Es könnte sein, daß bei Ihnen eine Leiche im Bindungskeller liegt, wenn Sie folgende Verhaltensweisen an den Tag legen:

- Sie suchen immer noch nach Mister Perfect. Bisher waren alle Männer, die Sie getroffen haben Mängelexemplare, irgend etwas fehlte immer, also sind Sie gegangen.
- Sie bevorzugen die einsamen Wölfe, die ihren Whiskey anheulen und eigentlich keine Frau brauchen. An denen beißen Sie sich die Zähne aus und opfern sämtliche Nägel, um beim Kratzen an deren Fassade doch noch den gefühlvollen Traummann hervorzubringen.

- Sie sind selber eine einsame Wölfin und heulen Ihren Whiskey an, dieses Buch haben sie sich in einem Anflug von Selbstmitleid und Bindungssehnsucht gekauft, aber eigentlich sind Sie total cool und die nervigen Kerle können Ihnen gestohlen bleiben.
- Wenn Sie an eine feste Beziehung denken, setzt augenblicklich Migräne ein, der Magen dreht sich um. Sich alleine diese Enge und Eingeschränktheit vorzustellen, bereitet Ihnen körperliches Unbehagen.
- Sie kleben unermüdlich an jedem Partner, solange bis er sie abschüttelt, egal wie gemein er sich verhalten hat.
- Feste Beziehung? Was ist das? Sie haben dieses Buch von Ihrer Mutter zum 40. bekommen und ansonsten hatten Sie bislang immer nur Affären.

Männersache:

- *Wenn Ihnen eine mit Familie oder gemeinsamer Zukunft kommt, dann hat sie gleich verloren. Sie sind zwar auch schon 39, aber eine Klette binden Sie sich nicht ans Bein.*
- *Sobald es etwas ernster wird, brechen Sie aus. Sie verreisen lange und weit, beginnen augenblicklich eine Affäre oder demontieren systematisch Ihre Partnerin: „Oh Gott, allein schon dieser Blick – und dann die großen Füße."*
- *Sie schwören auf Wochenendbeziehungen oder „Long distance"-Partnerschaften. Die mit der New Yorkerin hielt immerhin fast ein Jahr. Erst als die Frau nach Deutschland ziehen wollte, haben Sie diese Affäre beendet.*

Wenn Sie oder Ihr (Ex-)Partner solche Verhaltensweisen von sich kennen, haben Sie unter Umständen ein grundsätzliches Problem mit Nähe, und das Ganze hat System. Sie schaffen die Krisen selbst oder brechen während der Krise aus. Dagegen gibt es kein Rezept auf die Schnelle.

Vielleicht hilft es, sich bewußt zu machen, daß man selbst immer beteiligt ist an dem, was man partnerschaftlich fabriziert. Vielleicht kann es auch sinnvoll sein, einen Psychologen aufzusuchen.

Die Kirschen in Nachbars Garten

Mag ja alles sein, aber Sie sind sich einfach nie sicher. Vielleicht finden Sie ja doch noch etwas Besseres.

Man findet *immer* etwas besseres oder wie die Engländer sagen: „The grass is always greener on the other side." Das scheint in der Natur des Menschen (und vieler Schafe) zu liegen. Wir hängen die Latte hoch und strecken uns zur Decke. Wir zappeln und strampeln, und wenn wir es endlich geschafft haben, schütteln wir uns und suchen nach etwas Neuem.

Schauen Sie sich doch nur einmal das Bäumchenwechselspiel der Schönen und Reichen an. Die Gazetten sind voll von Meldungen über Affären und Scheidungen der Stars und Sternchen. Eine schöner und reicher als die andere, und auch da gibt es immer noch eine Steigerung. Einen heißeren Kick.

Das ist verdammt anstrengend! Und im Bereich der Partnerschaft brennt einen diese ewige Suche irgendwann aus. Spätestens Mitte Vierzig kommt die Krise und der Einbruch. Alleine alt werden? Immer weiter suchen? Nightlife forever? Man wird kurzatmiger und ist immer noch meilenweit vom Ziel entfernt. Irgendwann sollte man sich einfach entscheiden und sagen „Okay, kein schlechter Griff. Stimmt zu 80 Prozent, der Rest ist Arbeit am Kompromiß". Dazu:

Kurt Tucholsky
Der andere Mann

Du lernst ihn in einer Gesellschaft kennen.
Er plaudert. Er ist zu dir nett.
Er kann dir alle Tenniscracks nennen.
Er sieht gut aus. Ohne Fett.
        Er tanzt ausgezeichnet. Du siehst ihn dir an . . .
        Dann tritt zu euch beiden dein Mann.

Und du vergleichst sie in deinem Gemüte.
Dein Mann kommt nicht gut dabei weg.
Wie er schon dasteht – du liebe Güte!
Und hinten am Hals der Speck!
        Und denkst bei dir so: „Eigentlich . . .
        Der da wäre ein Mann für mich!"

Ach, gnädige Frau! Hör auf einen wahren
und guten alten Papa!
Hättst du den Neuen: in ein, zwei Jahren
ständest du ebenso da!
        Dann kennst du seine Nuancen beim Kosen;
        dann kennst du ihn in Unterhosen;
        dann wird er satt in deinem Besitze;
        dann kennst du alle seine Witze.
        Dann siehst du ihn in Freude und Zorn,
        von oben und unten, von hinten und vorn . . .
Glaub mir: wenn man uns näher kennt,
gibt sich das mit dem happy end.
Wir sind manchmal reizend, auf einer Feier . . .
und den Rest des Tages ganz wie Herr Meyer.
Beurteil uns nie nach den besten Stunden.

Und hast du einen Kerl gefunden,
mit dem man einigermaßen auskommen kann:
        dann bleib bei dem eigenen Mann! [77]

Trennung oder Neuanfang

Trotz aller guten Vorsätze gibt es Grenzen der Loyalität und Grenzen der Geduld.

Wenn Sie vor lauter Streitereien bereits körperliche Symptome entwickeln und sich der Partner überhaupt nicht mehr an die Spielregeln hält, kann es unter Umständen besser sein, dem Schrecken ohne Ende ein Ende mit Schrecken vorzuziehen.

Es ist eine Entscheidung, die jeder mit sich abmachen muß, bei der man vielleicht seine besten Freunde konsultiert, bei der aber kein Buch wirkliche Hilfe leisten kann.

Mit Sicherheit gibt es klare Grenzen: bei Gewalt oder Bedrohung der körperlichen Unversehrtheit ist meistens eine Trennung zu empfehlen. Hier kann der Rechtsanwalt der bessere Berater sein als der Psychologe. Wie Sie allerdings im Krisenfall reagieren, ist jeweils eine Einzelfallentscheidung.

Die eine Frau fühlt sich durch einen Seitensprung vielleicht so abgrundtief verraten, daß sie sich nicht vorstellen kann, mit diesem Mann jemals wieder ein Wort zu sprechen.

Eine andere Frau kann ihm vielleicht den ersten One-Night-Stand noch verzeihen und macht erst beim zweiten oder dritten Mal Schluß.

Männer tun sich oftmals noch schwerer mit dem Verzeihen und fühlen sich durch einen Seitensprung der Frau in ihrer Ehre so hart getroffen, daß sie alle Türen zuschlagen.

Andere nehmen es nicht so genau und empfinden eine Affäre der Frau womöglich als Entlastung, da sie von der eigenen Untreue ablenkt.

Wichtiger als gutgemeinte Ratschläge ist die Tatsache, sich selbst treu zu bleiben und nicht aus lauter Verzweiflung und Angst vor dem Alleinsein, Zugeständnisse zu machen, die man eigentlich nicht verantworten kann. Dennoch wollen wir Ihnen ein paar augenzwinkernde Ratschläge nicht vorenthalten:

Dr. para. Dox rät:

1. Klammern Sie, was das Zeug hält

Je weiter, er sich von Ihnen zu entfernen scheint, desto mehr sollten Sie klammern.

Überraschen Sie ihn mit täglichen Abendveranstaltungen wie Restaurant, Theater, Kino. Gönnen Sie ihm keine ruhige Minute und bleiben sie dran.

Versuchen Sie, Komplimente zu provozieren, fragen Sie ihn im Zehn-Minuten-Takt, ob er sie noch liebt und drücken Sie auf die Tränendrüse.

2. Spionieren Sie ihm nach

Rufen Sie alle Freunde an und ziehen Sie diese ins Vertrauen. Stecken Sie auch seinen Kollegen, daß Sie eine Krise haben. Quetschen Sie sie aus, ob er vom Büro aus heimliche Telefonate führt oder mit einer bestimmten Kollegin öfter essen geht. Durchsuchen Sie konsequenter als sonst seine Taschen und investieren Sie gegebenenfalls in einen Privatdetektiv.

3. Unterwerfen Sie sich

Werden Sie zu seiner Sklavin. Versuchen Sie, ihn zu halten und aus der Krise zu führen, indem Sie ihm demütig das Bier bringen, ihm das Essen in mundgerechten Bissen servieren und im Bett all das machen, was Sie vorher weit von sich gewiesen haben. Lassen Sie keine Zweifel aufkommen an Ihrer Entschlossenheit, ihn zu halten, koste es, was es wolle.

4. Trinken Sie sich Mut an

Wenn Ihre Krise kein Ende zu nehmen scheint, ist es am besten sich zu betäuben. „Nüchtern ertrag ich das nicht", ist eine bekannte Aussage auf dem Weg in den Alkoholismus, den Sie anstreben sollten. Die Welt ist ohnehin ein Jammertal, also trinken Sie. Suchen Sie das Gespräch am besten angeheitert und animieren Sie den Partner mitzuzechen. Wenn er nicht will, machen Sie alleine weiter. Eine beliebte Alternative in solchen Situationen sind Beruhigungstabletten oder Stimmungsaufheller.

5. Vergleichen Sie sich

Sollte er eine Affäre haben, setzen Sie alles daran, die andere kennenzulernen. Besuchen Sie sie in ihrer Liebeshöhle und stellen Sie Vergleiche an. „Was hat sie, was ich nicht habe." Begnügen Sie sich nicht mit rationalen Argumenten „Sie ist einfach neu und anders", sondern gehen Sie den dornigen Weg. „Mir hat er immer gesagt, er mag große Blonde wie mich und was ist sie? Eine üppige Brünette. Ob der Busen echt ist?" Holen sie die gedankliche Peitsche raus und geißeln Sie sich. Hassen Sie jede Falte an sich und jedes Gramm Zuviel oder Zuwenig. Machen Sie einen Termin mit einem Chirurgen und lassen Sie sich runderneuern, dann wird er schon zurückkommen.

Männersache:

Wenn es Sie als Mann getroffen hat, ist das natürlich alles noch viel schlimmer. Ihre männliche Ehre hat Schlagseite und vor Schreck und Empörung über den unerwarteten Seitensprung Ihrer Partnerin klappt es im Bett jetzt nicht mal mehr mit Ihrer langjährigen Geliebten. Wir raten Ihnen folgendes:

1. Leiden Sie laut

Das lassen Sie sich nicht bieten. So eine Blamage, so eine Erniedrigung. Wenn hier einer fremdgeht, dann Sie! Brüllen Sie, toben Sie und ziehen Sie alle Register. Handgreiflich sollten Sie nicht werden, das geht zu weit, aber ansonsten steht Ihnen die ganze Palette häuslichen Lärm-Terrors offen. Vom Türenknallen über Porzellanzerschlagen bis hin zum Bohrmaschinendauereinsatz. Hauptsache, Sie machen lautstark deutlich, daß Sie schwer getroffen sind und nicht klein (und leise) beigeben.

2. Betrinken Sie sich sinnlos

Was heißt hier sinnlos, fragen Sie, und natürlich haben Sie recht. Wenn es einen sinnvollen Grund gibt, sich zu betrinken, dann diesen. Igeln Sie sich im Wohnzimmer ein mit einer Palette Bier, diversen Spirituosen und einer Wagenladung Kartoffelchips. Trinken Sie bis zum Abwinken und schlafen Sie Ihren Rausch auf dem Sofa aus. Am besten nehmen Sie sich ein paar Tage frei und melden sich krank, damit Sie Ihren Kummer so richtig ertränken können. Vielleicht haben Sie einen Kumpel, dem es ähnlich geht, dann laden Sie ihn ein. Zu zweit ist das Drama leichter zu ertragen und eine zweite Stimme gibt dem Grölen trauriger Liebeslieder mehr Volumen.

3. Lassen Sie sich gehen

Die Welt ist schlecht und Ihre Partnerin ganz besonders, also lassen Sie sich gehen. Wozu rasieren? Wozu
waschen? Sie leiden und das kann ruhig jeder sehen
und riechen. Mit dem letzten Rest von Beherrschung
sollten Sie in Ihrer Firma anrufen und sich krank melden. Sollten Sie keinen Rest von Selbstbeherrschung
mehr haben, macht das auch nichts. Schlurfen Sie
unrasiert ins Büro. Die Kollegen können ruhig wissen,
wie mies es Ihnen geht. Auf Nachfragen sollten Sie nur
mit gebrochener Stimme entgegnen: „Frag nicht" und
gebeugt zurück hinter den Schreibtisch wanken. Zu
Hause können Sie sich noch besser ausleben, indem
Sie zum Beispiel alles einfach fallen lassen. Wäsche,
Chipstüten, Jacket, Bierdosen. Sollte Ihre untreue Partnerin noch bei Ihnen wohnen, wird ihr das Chaos deutlich machen, wie sehr Sie leiden. Sollte Sie schon aus-
gezogen sein, betrachten Sie den Müll um sich herum
als Symbol Ihres Seelenlebens.

4. Wie du mir, so ich dir

Wenn Ihre Partnerin Ihnen untreu war, ruft das nach
Rache. Nach dem Motto: „Was die kann, kann ich
schon lange" sollten Sie sich auf die Jagd nach willigen
Frauen begeben und mit ihnen ins Bett gehen. Sie sollten dies offensiv tun und sich nicht die Mühe machen,
es zu verheimlichen. Machen Sie Videoaufnahmen und
vergessen Sie zufällig das Band im Recorder oder ver-
teilen Sie Polaroidaufnahmen Ihrer nackten Eroberung
in der Wohnung. Parallel dazu sollten Sie Ihrer Partnerin die Vorzüge der Gespielinnen schildern und hierbei
nichts hinter dem Berg halten. Auch wenn sich Ihre
Partnerin bereits mehrfach bei Ihnen für Ihren einma-

ligen Ausrutscher entschuldigt hat, lassen Sie nichts
gelten, sondern zahlen es ihr mit x-facher Münze zurück. Schließlich sind Sie ein Mann, den eine Frau
nicht ungestraft hintergehen darf.

5. Verzeihen Sie nie

In vielen Büchern wird vor allem den Frauen oft geraten, Untreue zu verzeihen. Das gilt für Frauen und
nicht für Sie. Selbst wenn Sie beschlossen haben, sich
nicht zu trennen und zusammen geblieben sind, vergessen Sie nichts.

Schmieren Sie Ihrer Partnerin auch nach Jahren
noch ihren damaligen Seitensprung aufs Brot. Reagieren
Sie auf bestimmte Schlüsselsituationen. War der Seitensprung im Frühling, dann schleichen Sie zum Früh-
lingsbeginn mit Leichenbittermiene durch das Haus
und machen Andeutungen wie: „Ach ja, Frühlingsan-
fang. Andere Leute können das genießen. Ich jedoch
werde immer daran erinnert, wie du damals . . ." Pas-
sierte der Seitensprung auf einer Geschäftsreise, dann
sollten Sie bei jeder neuen Reise, die Ihre Partnerin
unternimmt, eine süffisante Bemerkung machen wie:
„Na dann viel Spaß bei deinem kleinen Sextrip" und
ihr mit vielsagendem Blick ein Kondom zustecken.

Mit diesen Ratschlägen von Dr. para. Dox kommt das
Buch, das Sie hoffentlich ohne Reue und mit einem gelegentlichen Lächeln gelesen haben, zum Ende. Im nächsten
Kapitel möchten wir uns noch kurz von Ihnen verabschieden.

Nun ist aber Schluß!

Sofern Sie zu den Leuten gehören, die bei einem Buch den Schluß immer zuerst lesen, möchten wir Sie anregen: Entwickeln Sie eine der wichtigsten Tugenden für die Treue, nämlich Geduld, und fangen das Buch von vorne an.

Sofern Sie das Buch bereits von vorne gelesen und sich bis hierher durchgearbeitet haben: Herzlichen Glückwunsch! Sie haben durchgehalten und Ausdauer gezeigt. Damit haben Sie schon eine der wichtigste Voraussetzungen für die

Neue Treue ohne Reue.

Wahrscheinlich haben Sie die Erfahrung gemacht, daß dieses Buch für Sie seine Höhen und Tiefen hatte. An einigen Stellen haben Sie sich hoffentlich amüsiert, durch andere haben Sie sich vielleicht eher gequält, ganz wie im richtigen (Liebes-)Leben.

Wir hoffen aber, daß Sie zu sich sagen können: Das Durchhalten hat sich gelohnt.

Wenn Sie Lust haben, nehmen Sie das Buch wie ein Kochbuch immer wieder einmal zur Hand. Es beinhaltet eine Fülle verschiedener Rezepte, die nicht nur Appetit auf Treue machen, sondern Ihnen auch Anregungen geben, wie Sie konkret vorgehen können. Wie so oft im Leben gibt es nicht die eine geheimnisvolle Rezeptur, die zum Erfolg führt. Auch im Fall der Treue ist es neben einem inneren Bedürfnis vor allen die Summe unserer Verhaltensweisen und der vielen kleinen Gesten, welche die Liebe lebendig erhält. Manches bringen wir von zu Hause aus mit, anderes müssen wir uns erst erarbeiten.

Wenn Sie also mit Hilfe dieses Buches Neuland betreten und nicht alles gleich auf Anhieb klappt, verzweifeln Sie nicht. Genau wie in der Kochkunst gelingt vieles nicht gleich beim ersten Versuch. Es braucht Zeit, Geduld und manchmal mehrere Anläufe, um zum Erfolg zu gelangen.

Falls Sie uns Ihre Erfahrungen oder Kommentare schreiben wollen, würden wir uns sehr freuen.

Senden Sie Ihre Briefe bitte an:

Verlag Herder
Stichwort: Treue ohne Reue
Hermann-Herder-Str. 4
79104 Freiburg

oder schicken Sie ein Email an:
Neue Treue@aol.com

Viel Spaß beim Abenteuer Treue.

Ihr Autorenteam

Anmerkungen und Literatur:

1. nach: Focus 46/97
2. vgl. auch Gunter Schmidt (Hrsg.). Jugendsexualität. Sozialer Wandel, Gruppenunterschiede, Konfliktfelder. Stuttgart, 1993. S. 40 (95% der Mädchen und 89% der Jungen stimmten der Aussage zu „Man verspricht sich Treue und ist sich auch treu")
3. vgl. Matthias Horx. 2. Megatrends für die späten neunziger Jahre. Düsseldorf, 2. Auflage 1996, S. 261
4. unter Verwendung von:
   Frank Joachim. Treue: Die brisante Seite der Liebe. Hamburg 1996
   Barbara Supp. Mars schlägt Venus. Der Spiegel 9/1998, S. 128–131
   Richard Fester, Marie E. P. König, Doris F. Jonas, A. David Jonas. Weib und Macht. Fünf Millionen Jahre Urgeschichte der Frau. Frankfurt/Main 1979
5. Wally und Horst Hagen. Die Sache mit dem Storch. Das Sexualleben der Tiere, Hamburg 1993, S. 33
6. Joachim, S. 128
7. Testosteron ist ein männliches Geschlechtshormon, das Einfluß auf das Aggressionverhalten des Menschen haben soll, bei Monoanimoxydase (kurz MAO) handelt es sich um ein Enzym im Gehirn, das unter Umständen Einfluß hat auf das gesellige Verhalten des Menschen. „Personen mit niedrigem MAO-Spiegel sind geselliger, stärkere Trinker, quengliger, haben ein aktiveres Sexualleben.", vgl. Joachim, S. 135
8. ebd. S. 261
9. Die Entwicklungspsychologie unterscheidet verschie-

dene Stufen der moralischen Entwicklung bei Kindern. Vom egoistischen unreflektierten Agieren bis hin zum Abgleichen der eigene Perspektive mit den Interessen anderer. Näheres hierzu bei: Robert Kegan. Die Entwicklungsstufen des Selbst. Fortschritte und Krisen im menschlichen Leben. München 1986

10. Wir sprechen im weiteren von „Eltern", unabhängig davon, wer dem Kind als feste Bezugsperson zur Verfügung steht. Es sind hierbei ebenso Großeltern, andere Verwandte, Pflegefamilien etc. gemeint.

11. Alice Miller. Das Drama des begabten Kindes und die Suche nach dem wahren Selbst. Frankfurt/Main 1979, S. 59

12. Interessant sind in diesem Zusammenhang Erkenntnisse der Paläoanthropologie (=Lehre von der Frühgeschichte des Menschen), daß sich die Geschlechter um so mehr ähneln, je älter die Funde sind. „Die frühesten Menschenskelette die man gefunden hat, zeigen nur minimale Größenunterschiede zwischen Männern und Frauen. Auch deuten die fast identischen Durchmesser der Knochen darauf hin, daß beide Geschlechter die gleiche Arbeit zu leisten hatten (. . .)" Ernest Borneman. Das Patriarchat. Ursprung und Zukunft unseres Gesellschaftssystems. Frankfurt/Main, Auflage 16.–22. Tausend, 1980, S. 39

13. „Niemand zerbricht sich den Kopf, wem das Kind „gehört", solange das Kind noch nicht als Eigentum empfunden wird. In Begriffen des Eigentums lernt der Mensch aber erst dann zu denken, wenn seine Nahrungsmittelerzeugung so weit fortgeschritten ist, daß er Überschuß produziert. Erst der Nahrungsüberschuß ermöglicht die Akkumulation (=Anhäufung) von Eigentum, erst die Akkumulation von Eigentum ermöglicht dessen Vererbung, und erst die Vererbung von Eigentum erfordert die Feststellung der Vaterschaft. Dies aber ist genau der historische Punkt, der die Machtübernahme des Patriarchats kennzeichnet." Borneman, S. 14

14. vgl. Karlheinz Deschner. Das Kreuz mit der Kirche. Eine Sexualgeschichte des Christentums. Frankfurt/Main 1998, S. 222

15. Martin Luther. Wider den falsch genannten Stand des Papstes und der Bischöfe. Weimarer Ausgabe 12,112 und 12,141 zitiert nach Klaus Rainer Röhl. Die verteufelte Lust. Die Geschichte der Prüderie und die Unterdrückung der Frau. Hamburg 1983, S. 185

16. Martin Luther, zitiert nach Deschner, S. 248. Auch die Sprüche "Drängt die Frauen von ihrer Hausarbeit, und sie taugen zu nichts." (ebd. S. 226) oder „Will die Frau nicht, so komm´ die Magd." (ebd. S. 252) werden dem Reformator zugeschrieben.

17 vgl. hierzu: Ingeborg Weber-Kellermann. Frauenleben im 19. Jahrhundert. München 1983, S. 112f.

18. Gunther Schmidt. Das Verschwinden der Sexualmoral. Über sexuelle Verhältnisse. Hamburg 1996, S. 48

19. vgl. Schmidt, S. 21 und Horx, S. 245f.

20. vgl. Deschner, S. 173f. und Röhl, S. 183

21. Papst Alexander VI. (1492–1503) beispielsweise zeugte mit seiner Kurtisane Vanozza di Catanei, höchstpersönlich die Renaissanceprominenten Lucretia Borgia und ihren Bruder Cesare; vgl. Röhl, S. 174. „Verbote spanischer Synoden, daß Frauen nicht in der Nähe von Kirchen wohnen sollten, sprechen für sich." Deschner, S. 185

22. Deschner, S. 93

23. Wilhelm Reich, Die sexuelle Revolution. Zur charakterlichen Selbststeuerung des Menschen. Frankfurt/Main 1966, S. 20, zitiert nach Petra Zimmermann. Treuekonzepte heute: Eine Psychologische Studie über Partnerschaftsvorstellungen, ihre Genese und Lebenspraxis – Frauen mit feministisch geprägten Orientierungen erzählen. Diplomarbeit im Fach Psychologie. Erlangen-Nürnberg 1988, S. 26

24. Röhl, S. 278

25. Sheila Kitzinger. Sexualität im Leben der Frau. Mün-

chen 1984, zitiert nach Zimmermann, S. 34

26. U. Heider in „Psychologie Heute", Sondernummer 1987: Frauen, war das wirklich alles? S. 24, zitiert nach Zimmermann, S. 35
27. vgl. Hamburger Abendblatt Nr. 159/1998, S. 11
28. Unter Verwendung von: Wolfgang Schmidbauer. Jetzt haben, später zahlen. Die seelischen Folgen der Konsumgesellschaft. Hamburg 1996
29. vgl. u. a.: Schmidt. Das Verschwinden der Sexualmoral, S. 39
30. ebd. S. 44
31. vgl. Horx, S. 283
32. vgl. Sabine Kartte. Mach mich glücklich, jetzt! Spiegel Special: Mann + Frau = Krise, Nr. 5/98, S. 17–20
33. ebd. S. 19
34. Erik H. Erikson. Kindheit und Gesellschaft. Stuttgart, 3. Auflage 1968, zitiert nach Nena & George O´Neill. Die offene Ehe. Konzept für einen neuen Typus der Monogamie. Hamburg 1975, S.116
35. Ethel S. Person. Lust auf Liebe. Die Wiederentdeckung des romantischen Gefühls. Hamburg 1992, S. 186
36. Unter Verwendung von Person, S. 225ff.
37. ebd. S. 198
38. Wendy Dennis. Kalt oder heiß. Liebe, Sex und Leidenschaft in den Neunzigern. Hamburg 1992, S.75
39. Ödipuskomplex. Die Sage von Ödipus und Elektra wurde von der Psychologie aufgenommen, um frühkindliche Beziehungen zu den Eltern zu klären. Ödipuskomplex meint die Liebe des Sohnes zur eigenen Mutter. Der gleichgeschlechtliche Elternteil, sprich der Vater, wird als Konkurrent erlebt. Die Verarbeitung der frühen Verliebtheit in die Mutter läuft über Mechanismen der Verdrängung und schließlich der Identifikation mit dem Vater. In ungünstigen Familienkonstellationen, in denen beispielsweise der Vater keine befriedigende Identifikationsmöglichkeit bietet oder die Mutter den Sohn gar als Partnerersatzfigur mißbraucht,

wird von einem unverarbeiteten Ödipuskomplex gesprochen. Der Sohn kann sich auch als erwachsener Mann nicht aus der mütterlichen Einflußsphäre lösen.

40. Nach einer Umfrage des Instituts für rationelle Psychologie (GRP) im Auftrag der Zeitschrift „XXLiving" 4/98
41. Szene Hamburg 4/98
42. Originalzitate unter Verwendung von Grimms Märchen. Cecilie Dressler Verlag, Hamburg 1988
43. Judith Sills. Liebe nach dem ersten Blick. Handbuch für Romantiker. Hamburg 1989, S. 21
44. Laut Dr. Helen Fisher, Anthropologin und Autorin von „Anatomie der Liebe", ist das vierte Jahr das Jahr, in dem die meisten Ehen in die Brüche gehen. Zitiert nach Dennis, S. 210
45. Michael Lukas Moeller in Focus: Glück im zweiten Anlauf, 17/1998, S. 70
46. Steven Farmer. Endlich lieben können. Gefühlstherapie für Erwachsene Kinder aus Krisenfamilien. Hamburg 1992, S. 155
47. Aus Allegra, Heft 05/98, S. 233
48. Ebd. S. 24
49. Carol Botwin. Männer, die nicht treu sein können. Warum sie so sind und wie Frauen mit ihnen leben, ohne zu leiden. Hamburg 1989, S. 82
50. Rolf Oerter, Leo Montada (Hrsg.). Entwicklungspsychologie. Ein Lehrbuch. 3., vollständig überarbeitete und erweiterte Auflage. Weinheim 1995, S. 397
51. Anja Meulenbelt. Du hast nur einen Beruf – mich glücklich zu machen. Über die Unmöglichkeit der Liebe zwischen Frau und Mann. Hamburg 1992, S. 56ff.
52. Unter Verwendung von Peter Lauster. Selbstbewußtsein kann man lernen. Programm für Selbstsicherheit und Selbstvertrauen. München 1977, S. 73ff.
53. vgl. Sills, S. 314
54. Klaus Grawe. Psychologische Therapie. Göttingen 1998, S. 143
55. Unter Verwendung von Clifford Notarius/Howard

Markman. Wir können uns doch verstehen. Paare lernen mit Differenzen leben. Hamburg 1996 und Steven Farmer, S. 71ff.

56. Thomas Gordon. Familienkonferenz. Hamburg 1972.
57. Nach der englischen „self-fulfilling prophecy", die von dem Soziologen R. K. Merton so bezeichnete Beobachtung, daß die Wahrscheinlichkeit des Verhaltens eines Menschen zunimmt, wenn dieses Ereignis bzw. dieses Verhalten **erwartet** wird. Zitiert nach: Dorsch. Psychologisches Wörterbuch. 11., ergänzte Auflage 1987
58. Cheryl Benard/Edit Schlaffer. Männer. Eine Gebrauchsanweisung für Frauen. Hamburg 1993, S. 164
59. vgl. Spiegel Special, S. 77
60. ebd. S. 21
61. unter Verwendung von Steven Farmer, S. 48ff.
62. vgl. Anmerkung 57
63. unter Verwendung von Steven Farmer, S. 162
64. vgl. Spiegel Special, S. 21
65. unter Verwendung von Notarius/Markman, S. 244
66. unter Verwendung von Schmidt (1996) und O´Neill
67. vgl. Schmidt (1996), S. 39
68. Dennis, S. 27
69. Schmidt (1996), S. 19
70. ebd. S. 18
71. vgl. Horx, S. 245
72. Dennis, S. 213
73. vgl. Farmer, S. 219
74. zitiert nach Elisabeth Müller-Luckmann. Die große Kränkung. Wenn Liebe ins Leere fällt. Hamburg 1990, S. 21
75. vgl. Botwin S. 19
76. vgl. Horx, S. 246
77. Abdruck mit freundlicher Genehmigung des Rowohlt Verlages. Kurt Tucholsky, „Der andere Mann", aus: Kurt Tucholsky, Gesammelte Werke, Copyright © 1960 by Rowohlt Verlag GmbH, Reinbek.

Lust am Leben zu zweit

Hans Jellouschek
Wie Partnerschaft gelingt – Spielregeln der Liebe
Beziehungskrisen sind Entwicklungschancen
160 Seiten Klappenbroschur
ISBN 3-451-26660-1
Über die Kunst als Paar zu leben und glücklich zu werden.

Gabriele Kreppold-Gröger/Josef Kreppold
Der Weg zu zweit
Als Paar zueinander finden, ohne sich selbst aufzugeben
192 Seiten, Klappenbroschur
ISBN 3-451-26228-2
Wie man kleine Fallen erkennen und produktiv damit umgehen kann.

Margarethe Schindler
Heute schon geküßt? – Paare brauchen Rituale
160 Seiten, Klappenbroschur
ISBN 3-451-26188-X
Nach der ersten Verliebtheit – wie Paare glücklich bleiben.

Ernst A. Stadter
Ich will dir sagen, was ich fühle
Wie Beziehungen gelingen
256 Seiten, Klappenbroschur
ISBN 3-451-23899-3
Unbewußte Tarnmechanismen in der Beziehung erkennen und überwinden.

Marion Weber/Richard Lawall
Glücksfall Liebe
Was Paare zusammenhält
Band 4613
Ein konkreter Ratgeber, der aufzeigt, wie eine Partnerschaft dauerhaft gelingt.

HERDER / SPEKTRUM

Michael Vincent Miller
Wenn die Liebe Angst macht
Liebesterror und wie man ihm entgeht
Band 4612
Miller beschreibt, wie die Wege hin zu einer glücklichen Liebe und Part-
nerschaft aussehen, wie es gelingen kann, sich aus dem Teufelskreis von
angstauslösendem Machtstreben zu befreien.

Paule Picard
Liebe, Zoff und Zärtlichkeit
Der kleine Beziehungsratgeber für alle Lebenslagen
Band 4545
Spannung gehört zum Leben. Wer sich liebt, darf sich auch streiten. Ein
beschwingt-charmanter Beziehungsratgeber.

Renee Baron/Elizabeth Wagele
Bin ich dein Typ – bist du meiner?
Wie das Enneagramm Beziehungen einfacher macht
Band 4534

Joachim Engl/Franz Thurmaier
Wie redest du mit mir?
Fehler und Möglichkeiten in der Paarkommunikation
Band 4364
Wie man – statt in Vorwürfen steckenzubleiben – richtig spricht und
zuhört, Gefühle und Wünsche ausdrückt, Probleme in konstruktiver
Weise löst.

Rüdiger Rogoll
Nimm mich, wie ich bin
Lieben und Lassen in der Partnerschaft
Band 4102
Rüdiger Rogoll entwirrt die komplizierten Regeln von Psychospielen in
der engen Beziehung zwischen Menschen.

HERDER / SPEKTRUM

Inspirationen

Mahatma Gandhi
Quellen des inneren Friedens
Worte für einen Freund
Band 5029
Menschlich warme und tiefe Gedanken zu den großen Themen des Lebens, die am Ende dieses Jahrhunderts neue Bedeutung gewinnen.

Sylvia zur Schmiede/Manfred Miethe
Wer glücklich ist, kann glücklich machen
Von der Freude, die in unseren Herzen singt
Band 5028
Und Glück stellt sich nicht ein auf der Jagd danach, sondern im Loslassen, im Wahrnehmen und Staunen.

Irmtraud Tarr Krüger
Vom leichten Glück der einfachen Dinge
Kleine Freuden – große Wirkung
Band 5024
Innehalten, zu sich selber kommen, genießen, der Seele Luft und Atem geben: Sich inspirieren lassen, die Kunst des Lebens selber zu probieren.

Anselm Grün
Herzensruhe
Im Einklang mit sich selber sein
Band 5023
Leistung und äußerlicher Wohlstand allein können nicht bringen, wonach sich Menschen wirklich sehnen: innere Ruhe und Seelenfrieden.

Marco Aldinger
BewußtseinserHeiterung
Weisheitsgeschichten
Band 5020
„Ein brillantes, geistreiches Feuerwerk, das zu lesen ein Vergnügen ist." (ESOTERA)

HERDER / SPEKTRUM

Rainer Maria Rilke
Über die Liebe und andere Schwierigkeiten
Herausgegeben von Stefanie Schröder
Band 5019
Rainer Maria Rilke – ein Erfahrener in Liebesdingen und in Liebesleiden. Gedichte und Texte des großen Poeten.

Gelassenwerden
Herausgegeben von Rudolf Walter
Band 5016
Die innere Gelassenheit wächst, wenn man ihr Raum gibt, wenn es gelingt, loszulassen, Vertrauen zu gewinnen, das Ganze zu sehen.

Root Leeb
Diesen Himmel schenk ich dir
Und viele wundersame Dinge mehr
Band 5015
Literarische und nachdenklich-heitere Texte erzählen von der Seelenlage der Schenkenden und Beschenkten, von der Welt der Gaben, die „ankommen".

Antoine de Saint-Exupéry
Man sieht nur mit dem Herzen gut
Band 5005
Von der Zuneigung und Freundschaft zwischen Menschen und darüber, wie das Eigentliche gelebt werden kann.

Hör mal, ob dein Herz noch schlägt
Leidenschaft statt Langeweile – prickelnde und sanfte Texte für Frauen
Hrsg. von Gabriele Hartlieb
Band 5002
Geschichten und Gedichte über Liebeslust, Arbeitswut, Stillwerden und Hingabe, von Gioconda Belli bis Ina Deter.

HERDER / SPEKTRUM